AF252234

Thèse

POUR LE DOCTORAT

L'acte public sur les matières ci-après sera soutenu
le Jeudi 6 mars 1856,

PAR

Pierre-Alexis-Maxime PARISOT, Avocat,

né à Nancy, le 19 Mai 1829.

Président, M. VALETTE, Professeur.

MM. PELLAT,
PERREYVE,
BONNIER, } Professeurs.
DEMANGEAT, Suppléant.

Suffragants

PARIS

J. B. GROS, IMPRIMEUR DES TRIBUNAUX
Rue des Noyers, 74.

1856

DROIT ROMAIN.

De la garantie due par le vendeur en cas d'éviction.

GÉNÉRALITÉS.

Les conventions ne peuvent par elles seules, en droit romain, opérer translation de propriété. Au consentement des parties doivent venir se joindre, pour atteindre ce but, certains actes accessoires Au temps de la distinction des choses en *res mancipi* et *res nec mancipi*, il faut pour les premières l'intervention de la *mancipation* ou de la *cession juridique* ; pour les secondes la simple tradition suffit (1). Dans le droit de Justinien, alors que cette distinction des choses est tombée en désuétude, alors que la mancipation et la cession juridique ont disparu , c'est par la tradition seulement que s'accomplira la transmission à titre particulier de

____

(1) Ulpien, Reg. tit. 19, §§ 3, 4 et 9.

droit de propriété. « Traditionibus.... dominia
« rerum non nudis pactis transferuntur (1). » La
vente, *emptio renditio*, comme tout autre contrat,
n'est donc pas un des modes à l'aide desquels une
personne peut faire passer une chose de son patrimoine dans celui d'une autre personne. Elle est
uniquement une cause génératrice d'obligations
au profit du vendeur et de l'acheteur. Il suit de là
qu'à Rome la vente de la chose d'autrui est parfaitement valable (2), et ce résultat n'a rien d'immo-
ral en soi. Reconnaître, en effet, la validité de
cette vente, ce n'est pas déclarer que le véritable
propriétaire sera, malgré lui, dépouillé de sa chose:
c'est tout simplement exprimer cette pensée que
le vendeur peut s'obliger à faire tout ce qui dépendra de lui pour procurer cette chose à l'acheteur,
sinon à l'indemniser. Quel obstacle pourrait apporter à cette obligation la circonstance qu'elle a
pour objet la chose d'autrui ?

Le vendeur ne s'oblige même pas à rendre l'a-
cheteur propriétaire (3), il s'engage seulement à
livrer la libre possession de la chose, *vacuam
possessionem tradere*, et à faire en sorte que l'a-
cheteur conserve cette libre possession. Pour désigner cette obligation du vendeur, les textes nous

(1) Code, l. 20 de Pactis.
(2) Digeste, l. 28 de Contrah. empt.
(3) Dig. l. 25, § 1 de Contr. emp.

disent qu'il doit *præstare emptori rem habere licere* (1), ou assurer à l'acheteur la possession paisible, car « Habere,... dicitur,... obtinere sine interpellatione quod quis emerit (2). » Cela ne signifie pas que si le vendeur est propriétaire, il puisse retenir la propriété et se dispenser de faire ce qui est nécessaire pour transmettre son droit à l'acheteur. Non, le vendeur est tenu de permettre à l'acheteur de jouir de la chose de la manière la plus commode, de se comporter envers elle comme un propriétaire ; l'acheteur est donc en droit d'exiger que la chose lui soit livrée avec les cérémo ies soit de la mancipation ou de la cession juridique, soit de la tradition. Mais voici quelle est la conséquence du principe que le vendeur ne contracte pas l'obligation de faire que la chose devienne la propriété de l'acheteur. Les formalités voulues pour la translation de propriété ont été remplies, l'acheteur découvre que son auteur n'était pas propriétaire, sera-t-il admis à venir dire au vendeur : la chose que vous m'avez vendue n'était pas à vous ; vous n'avez pas satisfait à votre obligation, indemnisez-moi ? Nullement. Que lui avait promis le vendeur : la possession paisible, et non la propriété ; or, tant que personne ne vient l'in-

(1) Dig. 1. 30, § 1, de Actionibus empt. et vend ; l. 1 pr. de rerum permutat.

(2) Dig. 1. 188 de Verb. signif.

quiéter, il n'est pas fondé à prétendre que le contrat n'a pas été exécuté. « Qui rem emit et post
« possidet, quamdiu evicta non est, auctorem
« suum propterea quod aliena vel obligata res
« dicatur convenire non potest (1). » Cependant
si, avant le paiement du prix, *in limine contractus*, selon l'expression de la loi 24 au Code *De
evictionibus*, c'est-à-dire avant que le contrat ait
reçu exécution de la part de chacune des parties,
une contestation était soulevée par un tiers contre
l'acheteur, il pourrait, non pas demander une indemnité, mais repousser par l'exception de dol la
réclamation du prix formée par le vendeur, à
moins que celui-ci ne lui donnât des fidéjusseurs
solvables (2).

Le vendeur contracte l'obligation non seulement
d'assurer à l'acheteur la possession paisible, mais
encore de ne pas commettre de dol, *purgari dolo
malo* (3). De là cette conséquence : s'il est de mauvaise foi, s'il a vendu en connaissance de cause,
sans en avertir l'acheteur de bonne foi, la chose
d'autrui ou une chose hypothéquée, il est tenu,
dès là que se dissipe l'erreur de son créancier, en
vertu de l'action du contrat, de tout ce qu'il im-

(1) Cod. l. 3 de Evict.; Dig. l. 1 pr. de Rerum permut.
(2) Dig. l. 18, § 1 de peric. et com. rei vend. et trad ; C. l. 24
de Evict.
(3) Dig l. 1 pr. de Rerum perm.

portait à ce dernier que la chose devînt sa propriété (1). Cette circonstance exceptée, l'acheteur ne peut se plaindre qu'autant qu'il est troublé dans sa possession, non par des voies de fait, mais par des troubles de droit. Alors seulement se réalise le cas d'une nouvelle obligation du vendeur, celle de défendre son ayant cause contre les attaques provenant des tiers, et dans l'hypothèse où cette défense serait infructueuse, de lui donner des dommages-intérêts. « Auctor est, auctoritatem « præstat, promittit, auctoritatis obligatur, aucto« ritati obnoxius (2), » ainsi est désignée cette obligation dans les textes : dans notre droit, c'est la garantie. Ne fût-il intervenu à cet égard aucune convention spéciale entre les parties, le vendeur n'en devrait pas moins garantie à l'acheteur; car la garantie est un effet naturel du contrat de vente, dans lequel elle est toujours sous-entendue. « Non « dubitatur etsi specialiter venditor evictionem « non promiserit, re evicta ex empto competere « actionem (3). » Mais cette obligation n'est pas de l'essence de la vente : les effets en peuvent être modifiés par les parties, et, comme nous le ver-

(1) Dig. l. 30, § 1 de Act. empti et venditi.

(2) Dig. l. 76 de Evict.; fragm. vaticana, § 10; Paul. Sent. 2, 17, § 1.

(3) Cod. l. 6 de Evict.; Dig. l. 66 pr. de Contr. empt.

rons, elle peut même être exclue par une clause formelle (1).

Dans notre droit, deux voies différentes sont ouvertes à l'acheteur pour poursuivre l'exécution de cette obligation du vendeur. Il peut défendre seul à l'action réelle dirigée contre lui, et, s'il est évincé, former ensuite sa demande en dommages-intérêts contre son vendeur. Il peut, au contraire, lorsqu'il est attaqué par un tiers, appeler en cause son garant, et faire ainsi statuer par un seul et même jugement tant sur la demande de ce tiers que sur son propre recours en garantie. A Rome, les choses ne se passent pas ainsi : deux instances sont nécessaires. En effet, l'acheteur sur l'action réelle intentée contre lui doit, il est vrai, à peine de déchéance (2), dénoncer le trouble à son garant et mettre celui-ci en demeure de venir prendre sa défense ; mais ce n'est qu'autant qu'il est évincé qu'il peut, dans une seconde instance, agir en dommages-intérêts.

Et d'abord, l'acheteur doit dénoncer au vendeur le trouble apporté à sa jouissance : c'est là ce qui se nomme *Litem denuntiare, auctorem laudare, auctoris laudatio (3)*. Cette dénonciation

(1) Dig. l. 72 de Contr. empt.
(2) Dig. l. 53, § 1 de Evict.; C. l. 9, 18, 20, 23 de Evict.
(3) Dig. l. 6, § 5 de Act. empti; l. 65, § 1 de Evict. ; Cod. l. 7 et 11, de Evict.; Dig. l. 29, § 2, l. 35, § 1 l. 59 de Evict.

doit être faite au vendeur ou à son héritier; s'il y a plusieurs vendeurs ou plusieurs héritiers d'un même vendeur, à chacun d'eux individuellement (1). Mais elle n'est pas exigée à l'égard du fidéjusseur du garant; il s'est obligé pour le cas où il y aurait lieu à garantie; il suffit donc que ce cas se soit produit pour qu'il soit tenu (2). La *litis denuntiatio* peut être valablement notifiée à un pupille, lors même qu'il ne serait pas assisté de son tuteur (3). Enfin, si nous supposons que le vendeur est un esclave, c'est lui, ou, s'il n'existe plus, c'est son maître qui doit être averti par la *laudatio auctoris* (4).

L'inaccomplissement de cette formalité n'entraîne, du reste, aucune forclusion pour l'acheteur lorsqu'il ne lui a pas été possible de la remplir. Ainsi, le vendeur était absent, ou, étant présent, il a fait en sorte que l'acheteur ne pût le découvrir, il ne sera pas admis à soutenir que n'ayant pas été averti il cesse d'être responsable ; s'il n'a pas été prévenu, il ne peut l'imputer qu'à lui-même (5). A ces hypothèses sont assimilées celles dans lesquelles, en l'absence de toute ma-

(1) Dig. l. 62, § 1 de Evict.; l. 85, § 5, l. 139 de Verb. oblig.
(2) C. l. 7 de Evict.
(3) Dig. l. 56, § 7 de Evict.
(4) Dig. l. 39, § 1 de Evictionibus.
(5) Dig l. 55, § 1, l. 56, § 5 de Evict.

nœuvre frauduleuse de la part du vendeur, l'acheteur aurait ignoré le domicile de son garant, et celles dans lesquelles un pacte formel lui aurait fait remise de la nécessité de la *litis denuntiatio*(1). C'est donc seulement à l'égard du vendeur présent, et encore lorsqu'il n'est intervenu aucun pacte entre les parties et que l'acheteur a pu connaître le domicile de son garant, que la *laudatio auctoris* est indispensable. Quand le vendeur sera-t-il présent, quand sera-t-il absent? A cette question répond la loi 199 Dig. *de Verb. signif.*:

« Absentem accipere debemus eum qui non est
« eo loci, in quo loco petitur : non enim trans
« mare absentem desideramus, et si forte extra
« continentia urbis sit, abest : cœterum usque ad
« continentia abesse videbitur si non latitet. »

La *litis denuntiatio* peut être faite à quelque moment que ce soit dans le cours de l'instance engagée contre l'acheteur par un tiers. Toutefois si elle intervenait à une époque trop rapprochée de la sentence pour permettre au vendeur de recueillir ses preuves et préparer ses moyens de défense, elle serait comme non avenue :« Quolibet
« tempore venditori remunciari potest, ut de ca re
« agenda adsit : quia non præfinitur certum tem-
« pus in ea stipulatione ; dum tamen ne propo
« ipsam condemnationem id fiat» (Dig. l. 20), § 2

(1) Dig l. 56, § 6, l. 63, pr. de Evict.

de evictionibus). A cette décision on oppose la loi 20, § 3 *de Leg.* 3 Dig. Cette loi suppose qu'un légataire auquel un esclave *in genere* avait été légué, est évincé de l'esclave Stichus que lui a donné l'héritier; elle accorde l'action *ex testamento* au légataire « quia non videtur heres de- « disse quod ita dederat, ut habere non possis..» Puis elle ajoute : « .... debere te, priusquam « judicium accipiatur, denunciare heredi : nam si « aliter feceris, agenti ex testamento opponitur « tibi doli mali exceptio. » Or, dit-on, les mots *judicium accipi* s'entendent de la *litis contesta- tio*; il y a donc antinomie entre la loi 29, § 2, de Evict. et la loi 20, § 3, de Leg. 3. Ceci serait vrai si l'expression *judicium accipi* s'appliquait tou- jours à la *litis contestatio*, mais elle s'applique quelquefois aussi à la sentence, comme dans la loi 46, § 3, Dig. *de adm. et peric. tut.* et dans la loi 1 Code *Si adversus rem judicatam* ; on peut la prendre en ce sens dans la loi 20, § 3, *de Leg.* 3 Dig., et par là cesse toute difficulté.

Par la *laudatio auctoris*, le vendeur est consti- tué en demeure de venir prendre en mains la dé- fense de l'acheteur; s'il n'exécute pas cette obli- gation, la contestation soulevée contre son ayant cause continue désormais à ses risques et périls (1).

(1) Dig. l. 71, § 2 de Evict.; l. 49 de Judiciis; Code, l. 23 de Evict.; l. 1, Ubi in rem actio.

Cependant dans ce dernier cas l'acheteur ne peut se soustraire aux ennuis du procès : il doit rester en cause et combattre par tous les moyens de défense qui lui sont connus la prétention du demandeur ; autrement, comme nous le verrons, tout recours lui serait fermé (1) Que si le demandeur parvient à établir son droit et à évincer l'acheteur, alors, dans une seconde instance, celui-ci exercera contre son garant la poursuite du second chef de l'obligation de garantie, il réclamera ses dommages-intérêts. C'est au moyen de l'action du contrat, de l'action *ex empto* qu'il obtiendra ce résultat. Exposer les conditions d'exercice et les effets de cette action, tel est le but que nous nous proposons dans ce travail. Ces effets, ces conditions varient suivant que les parties ont fait ou non des conventions particulières relativement à la garantie. Nous sommes don c conduit à traiter : 1° du cas où les parties s'en sont tenues aux principes du droit commun ; 2° des cas où elles se sont écartées de ces principes ; et ici nous aurons à parler d'une action ouverte fréquemment à l'acheteur parallèlement à l'action *ex empto*, l'action *ex stipulatu duplæ* En d'autres termes, et pour nous servir des expressions consacrées par les commentateurs, nous nous occuperons 1° de la garantie de droit ; 2° de la garantie de fait.

(1) C., l. 8 de Evict.

PREMIÈRE PARTIE.

Garantie de Droit.

CHAPITRE PREMIER.

Conditions d'exercice de l'action *ex empto*.

L'éviction seule, avons-nous dit, donne ouverture à l'action *ex empto*. Suivant le sens rigoureux du mot, on entend par là toute privation totale ou partielle de la chose à la suite d'un jugement régulièrement prononcé : *ablatiorei emptæ per judicem jure facta*. A ce point de vue, l'éviction peut se rencontrer dans trois circonstances indiquées dans la loi 16, § 1, Dig. *de Evictionibus*: « Duplæ stipulatio committi dicitur tunc cum res « restituta est petitori, vel damnatus est litis æsti- « matione, vel possessor ab emptore conventus « absolutus est. » D'abord, lorsque, sur la réclamation d'un tiers, l'acheteur a été condamné à restituer la chose : ce cas est le plus évident. En second lieu, lorsque le tiers n'ayant pas exigé la restitution forcée, l'acheteur est resté en possession moyennant le paiement d'une somme d'argent. Alors, il est vrai, l'acheteur conserve la possession, *si habere licet*, mais il la conserve non plus en vertu de la vente qui lui a été faite originairement, mais en vertu de la nouvelle vente qui résulte du paiement de la *litis æstimatio* au réclamant ; le vendeur n'a pas rempli son obligation, *non præstitit emptori rem habere licere*, il est donc juste qu'il indemnise son ayant cause du préjudice qu'il lui a fait éprouver (1). Enfin lorsque l'acheteur, après avoir perdu la possession, a été obligé de recourir à la revendication et a succombé faute d'établir qu'il était propriétaire.

Quoique, dans sa stricte acception, le terme d'éviction ne convienne qu'aux cas où l'acheteur est privé totalement ou partiellement de la chose par l'effet d'une sentence, on comprend néanmoins sous ce terme, relativement à l'action *ex empto*, les cas auxquels l'acheteur est empêché, bien qu'il ne soit pas intervenu de sentence, de retenir la chose *ex causa emptionis*, et ces cas peuvent aussi donner lieu à garantie. Ainsi, vous m'avez vendu la chose d'autrui et je succède au véritable propriétaire : je demeure, sans doute, en possession, mais ce n'est plus en vertu de votre vente, c'est en vertu de mon titre successif; vous n'avez pas satisfait à l'obligation que vous aviez contractée envers moi, je me trouve donc dans une

(1) Dig. l. 21, § 2 de Evictionibus.

situation identique à celle où aurait pu me placer une éviction réelle : j'ai droit à garantie (1). De même une femme achète un esclave *a non domino*, elle se marie et constitue cet esclave en dot à son mari. Celui-ci vient à découvrir qu'il est le véritable propriétaire de l'esclave, il cesse dès lors de le posséder *pro dote*, il le possède désormais *pro suo*. La femme est donc sans dot comme si elle eût été privée de l'esclave par un jugement; aussi l'action *ex empto* lui est-elle accordée contre son vendeur (2).

Toutefois, il ne faut pas étendre cette idée trop loin, il ne faut pas croire que dans tous les cas où l'acheteur n'aura plus la chose *ex causa emptionis*, l'action *ex empto* lui compétera. Cette règle doit être combinée avec cet autre principe que nous retrouverons plus bas, savoir : que l'acheteur n'a plus droit à garantie quand l'éviction peut lui être imputée. Nul recours n'est, en effet, concédé à l'acheteur lorsqu'il a restitué avant toute condamnation ; il faut qu'il ait été contraint de restituer (3). Ce n'est pas aux risques de l'acheteur que se poursuit le procès dont la chose est l'objet, c'est à ceux du vendeur : à ce dernier

(1) Dig. l. 9, l. 44, § 1 de Evict.; l. 13, § 15, l. 29 de Actionibus empti.

(2) Dig , l. 24 de Evict.

(3) Dig., l. 56, § 1 de Evict.

seul appartient donc le droit de se rendre juge de la prétention élevée par le demandeur. Nous rencontrons une application remarquable de cette proposition dans la loi 19, § 3, Dig. *de Negotiis gestis.* Vous devenez pendant mon absence mon *negotiorum gestor,* puis vous achetez de bonne foi *a non domino* une chose qui est à moi; votre bonne foi se continue jusqu'au moment où l'usucapion s'accomplit à votre profit; serez-vous, à raison de ce fait, tenu envers moi de l'action *negotiorum gestorum?* La négative ne saurait être douteuse, car votre bonne foi vous disculpe de toute négligence. Mais supposons que votre erreur se soit dissipée avant l'accomplissement de l'usucapion, aussitôt vous êtes devenu comptable envers moi; car si ma chose eût été possédée par un tiers, vous eussiez dû, en bon administrateur, la revendiquer. Comment donc mettrez-vous votre responsabilité à l'abri? Vous ne pouvez ici revendiquer contre vous-même, puisque vous seriez tout à la fois demandeur et défendeur; eh bien, vous confierez à une tierce personne le soin de revendiquer contre vous en mon nom, « sub-« jicere debes aliquem, qui a te meo nomine pe-« tat..., » et par là vous obtiendrez la réintégration de la chose dans mon patrimoine, et vous vous ménagerez recours contre votre vendeur. — Or, une telle procédure, alors qu'il eût été si simple au *negotiorum gestor* de rétablir la chose dans les biens de l'absent, ne s'explique évidemment qu'autant que l'on admet que toute action en garantie eût été refusée au premier s'il eût restitué spontanément. Ce texte, il est vrai, se réfère seulement à l'action *ex stipulatu* dont les conditions d'exercice sont beaucoup plus rigoureuses que celles de l'action *ex empto*. Cependant cette circonstance ne peut exercer aucune influence sur notre solution, puisque la loi 17, Cod. *de evictionibus*, dont les termes paraissent bien se rapporter à l'action *ex empto*, parmi les conditions auxquelles est soumis l'exercice de cette action, mentionne celle-ci, que l'acheteur n'ait pas restitué avant la sentence: «Si cum quæstio tibi super

« eo , quem comparaveras, moveretur, auctorem

« tuum certum fecisti, *nec citra judicis discep*

« *tationem* eum quem emeras *tradidisti :* præses

« provinciæ in damnis, quæ te tolerasse memi

« nisti, medelam juris adhibebit. »

Il suit de là que l'acheteur ne peut non plus, à peine de déchéance, payer les créanciers hypothécaires. Peut-être serait-il possible de combattre cette conséquence à l'aide de la loi 22 C. *de evictt*, qui, précisément dans cette hypothèse, dénie la garantie à l'acheteur. Il nous est facile de prévenir cette objection. Dans l'espèce prévue par cette loi, le fonds avait été vendu libre, et de

2

plus il était intervenu entre les parties une stipulation fixant l'indemnité due à l'acheteur pour le cas où des hypothèques venant à se révéler lui causeraient quelque préjudice. Or, lorsque l'acheteur a désintéressé les créanciers hypothécaires, le cas de la stipulation est réalisé, « stipulationem quam subjectam emptioni de « indemnitate proponis, ipsius conceptio com- « missam manifesto declarat, » il n'y a donc pas à s'étonner qu'il puisse agir en garantie.

Tels sont les faits constitutifs de l'éviction; mais l'obligation du vendeur, par suite de la réalisation de ces évènements, est subordonnée à certaines conditions que nous allons indiquer.

I.—Il est un principe qui domine toute cette matière : c'est qu'une fois la vente parfaite, les risques de la chose vendue passent aussitôt à l'acheteur, « cum « autem emptio et venditio contracta sit... pericu- « lum rei venditæ statim ad emptorem pertinet(1) » Le vendeur, en effet, est obligé de livrer et de faire avoir la chose à l'acheteur; il accomplit cette obligation en livrant ou faisant avoir la chose telle qu'elle se trouve par suite des changements qu'elle a pu éprouver depuis la vente. S'il y a eu des fruits, des accroissements, il sera tenu de livrer, de faire avoir ces fruits, ces accroissements ; si, au contraire, la chose s'est diminuée, s'est détériorée, il

(1) Inst. § 3 de Empt. et vend.; Dig. l. 8 de Peric. et com. rei vend.

sera déchargé de son obligation, en la livrant, en la faisant avoir ainsi diminuée, ainsi détériorée ; enfin si la chose a péri totalement, il sera libéré, *debitor rei certæ interitu rei liberatur* (1). Dans toutes ces hypothèses, l'obligation de l'acheteur ne subit aucune modification ; elle ne s'étend ni ne se restreint suivant que la chose reçoit des accroissements ou des détériorations ; elle ne s'éteint pas si la chose vient à périr totalement. Les deux obligations du vendeur et de l'acheteur, dès que la vente est contractée, ont une existence complétement indépendante; la première peut se transformer, cesser d'exister, la seconde n'en subsiste pas moins telle qu'elle était originairement (2). Voilà le sens de la maxime : que la chose, du moment de la vente, est aux risques de l'acheteur. Il s'ensuit que les cas fortuits survenus postérieurement à la vente, et entraînant pour l'acheteur privation totale ou partielle de la chose, ne donnent pas lieu à garantie. Ainsi, la dépossession par le fait du prince (3), les troubles résultant de voies de fait commises par des tiers (4), la perte de la chose (5), la fuite de l'esclave vendu (6), ne peu-

(1) Dig. l. 23 de Verbor. oblig.; Inst., § 16 de Legatis; § 2 de inutile stip.

(2) Dig., l. 5, § 2 de rescind. vend.; l. 11 pr. de Evict.

(3) Dig., l. 11 pr. de Evict.

(4) Code, l. 17 de Act. empt. et vend.

(5) Dig. l. 21 pr.; Cod. l. 26, eod. tit.

(6) Dig. l. 21. § 3 de Evict.

vent servir de fondement à un recours de l'acheteur contre son garant. Ces faits se fussent pro-
duits alors même que la chose eût appartenu au
vendeur, il n'a pu dépendre de lui de les prévenir,
pourquoi retomberaient-ils à sa charge ? Notons
seulement qu'au cas de perte de la chose, s'il y
avait dol de la part du vendeur, l'acheteur pourrait lui demander des dommages-intérêts par l'action *ex empto*. Tel est le sens de la loi 21, pr. Dig.
de evict. «Si servus venditus decesserit antequam
« evincatur, stipulatio non committitur, quia ne-
« mo cum evincit, sed fatum humanæ sortis : de
« dolo tamen poterit agi, si dolus intercesserit.»
La fuite de l'esclave depuis la vente donnerait
aussi ouverture à un recours de l'acheteur contre
son vendeur, si l'esclave avait déjà fui pendant
qu'il était au pouvoir de ce dernier (1) ; nous n'a-
vons pas à nous occuper ici de ce recours, car il
trouve sa base dans l'obligation contractée par le
vendeur de garantir les vices et les défauts cachés
de la chose vendue. Mais il est une hypothèse où
la règle que nous avons établie reçoit une véritable exception, c'est l'hypothèse dans laquelle la
perte de la chose, la fuite de l'esclave arriveraient
pendant le cours de l'instance dirigée par un tiers
contre l'acheteur relativement à cette chose, à cet
esclave. En effet , la perte de la chose survenant

(1) Dig. l. 4 de Probat.

après la *litis contestatio*, le procès n'en suit pas moins son cours (1). Si le juge prononce que le demandeur était propriétaire, l'acheteur est évincé puisqu'il est vaincu par une sentence qui a décidé que la chose était non pas à lui, mais au demandeur; il pourra donc agir en garantie contre celui qui lui avait fait la vente. Quant à la fuite de l'esclave, distinguons ici deux situations bien différentes, celle où il y a faute de l'acheteur, celle où aucune négligence ne peut lui être imputée. Et à cet égard, il y aura faute de l'acheteur si la conduite antérieure de l'esclave était de nature à faire craindre qu'il ne cherchât à s'échapper: l'acheteur, dès là qu'il a pu concevoir des doutes sur la validité de son droit, devait alors faire garder l'esclave. Il n'y aura pas faute si la réputation de l'esclave était intacte sous ce rapport; alors aucune précaution particulière de surveillance ne sera nécessaire. Dans le premier cas, l'acheteur doit être condamné envers le revendiquant à payer la valeur même de l'esclave, comme s'étant mis par sa faute dans l'impossibilité de restituer. S'il n'a pas encore complété l'usucapion, le demandeur lui cédera ses actions pour qu'il puisse se procurer l'esclave qu'il a en quelque sorte acheté de nouveau en payant la *litis æstimatio*. Si, au contraire, l'usucapion est accomplie, l'acheteur devenu pro-

(1) Dig. l. 16 de Rei vind.; l. 11, Judicatum solvi.

priétaire a les actions de son chef et n'a point de cession à exiger du demandeur. Dans le second cas, le juge, tout en reconnaissant que le demandeur était propriétaire lors de la *litis contestatio*, ne peut ordonner que l'acheteur fasse une restitution devenue impossible. Il lui ordonnera seulement de mettre à la disposition du demandeur tous les moyens qu'il peut avoir pour recouvrer l'esclave fugitif. Si l'acheteur est devenu propriétaire par l'usucapion accomplie durant l'instance, il devra céder au demandeur ses actions, la revendication et l'action *ad exhibendum*, ou donner caution de poursuivre lui-même l'esclave et de le restituer ensuite au stipulant ou de lui en payer la valeur. C'est la « cautio de persequendo servo restituen- « dove pretio », dont il est question aux Institutes § 1, *de divisione stipulationum*. Lorsque l'acheteur aura obéi à l'ordre du juge en cédant ses actions ou en donnant caution, il sera absous. Si l'acheteur n'est pas encore devenu propriétaire par usucapion, il sera absous sans qu'on puisse exiger de lui aucune cession; car il n'a pas d'actions à céder puisqu'il n'a pas acquis la propriété; le demandeur qui est resté propriétaire a lui-même les actions attachées à cette qualité et peut les exercer directement. L'acheteur ne sera pas assujetti non plus à la *cautio de persequendo servo*, il devra seulement promettre de restituer l'esclave au demandeur, s'il vient à le recouvrer (1). Jusqu'à présent tout ce que nous avons dit concerne uniquement les rapports du réclamant et de l'acheteur, plaçons maintenant, et nous arriverons ainsi à l'exception que nous avons annoncée, l'acheteur en face du vendeur. Dans ces deux hypothèses, l'acheteur peut avoir droit à garantie, mais dans quelles circonstances ? A-t-il payé la *litis æstimatio*, il ne pourra agir contre son vendeur qu'autant qu'il sera rentré en possession de l'esclave fugitif, car jusque là le préjudice qu'il souffre est le résultat de la fuite de l'esclave, or le vendeur n'est pas responsable des cas fortuits : « quia interim non « propter evictionem, sed propter fugam , ei ha- « bere non licet; plane, inquit, cum adprehende- « rit possessionem fugitivi, tunc committi stipula- « tionem (2). » A-t-il été absous moyennant les cautions *de persequendo servo restituendove pretio*, ou *de restituendo*, il n'éprouve aucune perte, il n'a plus l'esclave, il est vrai, mais c'est par suite d'un cas fortuit, non parce qu'il a été évincé, il ne pourra donc intenter l'action *ex empto* contre son garant que dans le cas où ayant recouvré la possession de l'esclave il l'aura restitué au revendiquant (3).

(1) Dig. l. 21 de rei vind.
(2) Dig. l. 21, § 3 de Evict.
(3) Ibid.

Il faut donc, pour que le vendeur soit tenu de la garantie, que la perte subie par l'acheteur lui soit imputable. Or, lorsque la chose était affectée antérieurement à la vente d'un droit ouvert ou non encore ouvert (1), qui pût donner naissance contre l'acheteur à une action réelle, il est évidemment en faute ; car il doit faire à l'acheteur une tradition telle que la chose ne puisse lui être enlevée ; il n'a pas rempli son obligation, il doit en supporter les conséquences. C'est là ce qu'on exprime, en disant que la cause d'éviction doit être antérieure à la vente. Cette cause peut être ou la liberté, s'il s'agit d'un esclave, ou un droit de propriété, ou un droit d'hypothèque, d'usufruit, ou toute autre droit réel ayant pour effet de priver l'acheteur de tout ou partie de la chose (2).

Il peut arriver, et ceci est à remarquer, que le vendeur ait exécuté son obligation de la manière la plus complète, qu'il ait transféré la propriété à l'acheteur, et que néanmoins il soit tenu de la garantie. Voici dans quelle circonstance se présentera ce résultat : L'aliénation consentie par un mineur de vingt-cinq ans est parfaitement valable, d'après le droit civil, lorsqu'elle a été autorisée par un décret du préteur ; mais, si ce mi-

(1) Dig. l. 39, § 4, l. 63, § 1 de Evictionibus.
(2) Dig. l. 78, § 3, de Verb. oblig.; l. 15, § 4, l. 31, § 2, l. 49; l. 63, § 1 de Evict.

neur a été lésé dans l'opération qu'il a faite, le préteur vient à son secours, par la *restitutio in integrum*, il rescinde l'aliénation et rétablit la revendication contre tout possesseur Ceci posé, un mineur de vingt-cinq ans vend, avec la permission du magistrat, un fonds à Titius et lui en transfère la propriété ; Titius vend ce fonds à Séius. Mais le mineur a été lésé dans la vente, il demande et obtient la *restitutio in integrum ;* il revendique contre Séius et l'évince, de là cette question : Séius aura-t-il recours contre Titius, son vendeur ? En pur droit civil, la négative n'est pas douteuse, car Titius, tenant son droit du véritable propriétaire, s'est déchargé de la garantie en rendant Séius propriétaire. Cependant l'équité prétorienne, s'écartant de la rigueur du droit civil, donne à l'acheteur l'action *ex empto* utile, en même temps qu'elle concède au mineur la *restitutio in integrum* (1).

Quand même la cause d'éviction serait postérieure à la vente, elle n'en donnerait pas moins ouverture à l'action *ex empto*, si elle provenait d'un fait du vendeur. Peut-il se faire que l'acheteur soit évincé par suite d'un fait personnel au vendeur et postérieur à la vente? Cette éviction est difficile à concevoir, car de deux choses l'une : ou le vendeur n'était pas propriétaire, ou

(1) Dig. l. 39 pr. de Evict.

il l'était : au premier cas, l'éviction procédera d'une cause antérieure à la vente ; au second cas, comment l'éviction sera-t-elle possible ? Cette hypothèse pouvait cependant se rencontrer dans la législation romaine. A Rome, le contrat n'opère pas par lui seul translation de propriété ; il faut, indépendamment de la convention, l'accomplissement des solennités, soit de la mancipation, soit de la cession juridique, soit de la tradition. Jusqu'à l'intervention de ces actes, la propriété demeure sur la tête du vendeur Or, il peut après vous avoir vendu tel ou tel objet, sans vous en avoir transféré la propriété, le vendre à une autre personne et la rendre propriétaire, ou bien constituer sur cet objet un droit d'hypothèque ; s'il vous fait ensuite tradition, vous pourrez être évincé, soit par la revendication, soit par l'action hypothécaire. Dans de telles circonstances, l'éviction, quoique née d'une cause postérieure à la vente, serait, sans doute, la base d'un recours de l'acheteur contre son garant.

II. — L'éviction doit être le résultat d'une décision judiciaire régulièrement prononcée. Si elle provient de l'ignorance ou de la vénalité du juge, elle demeure à la charge de l'acheteur (1). Lorsque le juge s'est laissé corrompre à prix

(1) Dig. l. 5, l. 51 pr. de Evict.; C. l. 8 et 13 eod tit.; fragm. vaticana §§ 8 et 10.

d'argent, la sentence est nulle (1), il est donc inutile de donner action à l'acheteur contre le vendeur. Que si le juge a mal jugé par ignorance, par faveur, ou par inimitié, la sentence étant valable, il pouvait s'élever quelque doute sur le point de savoir si l'action en garantie compéterait à l'acheteur. Ce doute est résolu par la loi 51 pr. de Evict. Dig : « Si per impruden- « tiam judicis, aut errorem, emptor rei victus est, « negamus auctoris damnum esse debere. » Et la raison de cette solution est qu'il ne serait pas juste de faire souffrir le vendeur d'une injustice subie par l'acheteur, « quia injuriam quæ tibi facta « est, penes te manere, quam ad alium transferri, « æquius est (2). » Le vendeur ne sera pas obligé, du reste, de prouver que le juge s'est prononcé contre l'acheteur, soit par faveur, soit par ini- mitié, soit par ignorance ou corruption ; il lui suffira d'établir que, d'après les faits de la cause, l'acheteur devait triompher, d'établir, par exem- ple, que l'acheteur avait opposé une exception qui eût détruit la prétention du demandeur et que le juge n'en pas tenu compte, ce qui ne peut être attribué qu'à l'une ou l'autre des causes que nous avons signalées.

III. — Si l'éviction provient du fait de l'ache-

(1) Code, l. 7 quando provocare non necesse.
(2) Dig. l. 67 de Fidejussoribus.

teur, s'il a quelque négligence à se reprocher, il perd tout recours en garantie.

Et d'abord l'acheteur est privé de la chose par suite de son propre fait, il y aurait dol de sa part à vouloir rendre le vendeur responsable de cette perte ; il ne peut donc se plaindre. Ainsi, j'ai hypothéqué mon fonds pour la dette d'un tiers, je vous le vends sans garantie, puis vous me le revendez : Le créancier hypothécaire n'étant pas payé, intente contre moi l'action *quasi serrienne* et m'évince; l'action *ex empto* m'est déniée, car si je suis évincé c'est par mon fait (1). De même, j'avais perdu la possession, j'avais agi contre le possesseur, puis j'étais convenu par un pacte que je ne revendiquerais plus contre lui, ou bien je lui avais déféré le serment et il avait juré que le fonds lui appartenait; j'intente de nouveau la revendication contre ce possesseur, il m'oppose l'exception *pacti* ou *jurisjurandi* ; je succombe, tout recours contre mon vendeur m'est refusé. Toute autre exception opposée à l'acheteur à raison d'un fait à lui personnel conduirait a une décision identique, « Hoc jure utimur; ut exceptiones ex persona emptoris objectæ si obstant, venditor ei non teneatur;... certe nec ex empto, nec ex stipulatione duplæ, vel simplæ, actio competit emptori, si exceptio ei, ex facto

(1) Dig. 1. 20 de Evict.

« ipsius opposita, obstiterit (1). » Citons encore les
cas où l'acheteur aurait abandonné la chose avec
intention d'abdiquer tout droit sur elle, laissé le
fonds vendu devenir *religiosus*, restitué la chose
avant tout jugement, prostitué l'esclave vendue
sous la condition qu'elle ne le serait pas, affranchi l'esclave vendu (2). Toutefois si, dans ce dernier cas, il avait été contraint d'affranchir l'esclave en vertu d'un fidéicommis (3), il pourrait
par l'action *ex empto* obtenir du vendeur la réparation du préjudice que lui a causé cet affranchissement (4). Eût-il même spontanément conféré la liberté à l'esclave, il y aurait encore lieu
à garantie, si cet esclave n'appartenait pas au
vendeur, et que ce dernier fût de mauvaise foi :
« Sed hoc nomine quod libertum quis non habeat,
« ex vendito actionem habet, si scierit venditor, se
« alienum vendere (5). » Il est une hypothèse dans
laquelle il était permis de concevoir quelque
doute sur la possibilité d'un recours en garantie
au profit de l'acheteur, c'est celle où il aurait
restitué la chose par suite d'un compromis. L'a-
cheteur se trouvant alors obligé par la sentence

(1) Dig. l. 27 de Evict.
(2) Dig. l. 76, l. 51, § 2, l. 25, l. 34 p.. de Evict.; C. l. 17 de
Evict.
(3) Dig. l. 24, § 21 de Fideicom. libert.
(4) Dig. lib. 26 in fine, de Evict.
(5) Dig. l. 56, § 1 de Evict.

de l'arbitre de rendre la chose ou de payer la peine du compromis, on pourrait soutenir qu'il est évincé, et que dès-lors il a droit à garantie. Mais le compromis n'est pas une sentence prononcée contre une personne qui ne l'a pas demandée, chacun est libre de compromettre si bon lui semble ; si donc l'acheteur a perdu la possession, c'est par son propre fait ; aussi l'action *ex empto* ne lui est-elle pas ouverte : « Si compromisero, et contra me data fuerit sententia, « nulla mihi actio de evictione danda est adversus « venditorem ; nulla enim necessitate cogente id « feci (1). »

En second lieu, la responsabilité du vendeur est dégagée lorsque l'éviction peut être imputée à la faute de l'acheteur. Il y a faute de l'acheteur, si, dans les cas où cette formalité est indispensable, il n'a pas prévenu son garant par la *litis denunciatio*, afin qu'il puisse prendre sa place dans le procès (2) ; s'il s'est laissé condamner faute de comparaître devant le juge (3), ou s'il a négligé d'opposer au demandeur les moyens de défense qui lui compétaient soit de son chef, soit du chef du vendeur. Lorsqu'une action réelle est dirigée contre l'acheteur, et que le vendeur averti ne prend pas

(1) Dig. l. 56, § 1, de Evict.
(2) Code, l. 7 et 14 de Evict.
(3) Dig. l. 55. de Evict.

en mains la défense de son ayant cause, celui-ci
ne doit pas se soustraire aux ennuis du procès, il
doit défendre par lui-même et combattre la prétention du demandeur par toutes les exceptions
qu'il peut avoir tant de son chef, que du chef de
son garant, si elles lui sont connues. Ainsi, il
pourra invoquer du chef du vendeur l'exception
rei judicatæ, l'exception *jurisjurandi* ou l'exception *pacti*, dans les cas où le demandeur actuel aurait déjà succombé dans une instance
intentée contre le vendeur, aurait déféré le
serment au vendeur qui aurait juré être propriétaire, ou serait convenu par un pacte de
ne plus inquiéter la possession du vendeur (1).
Quant à ce dernier point, il se présente une difficulté; la loi 27, § 4, *in fine*, Dig. *de pactis* nous
dit en effet : « Ante omnia enim animadverten-
« dum est, ne conventio in alia re facta, aut cum
« alia persona, in alia re, aliave persona noceat, »
c'est-à-dire que nos conventions ne peuvent nuire
ni profiter aux tiers; comment concilier cette
règle avec le principe que nous avons énoncé ?
Cette conciliation est fort simple. Lorsque l'acheteur se prévaut d'un pacte fait par le vendeur,
le pacte ne sert pas tant à l'acheteur qu'au vendeur
lui-même, car si le premier ne pouvait l'invoquer
le second se trouverait exposé à l'action en ga-

____

(1) Dig. l. 17, § 5, de Pactis.

rantie ; or, il est de principe que les pactes faits par une personne profitent à ceux auxquels il est de l'intérêt de cette personne qu'ils profitent : « Cum alio conventio facta pro-
« dest: sed tunc demum, [cum per eum, cui
« exceptio datur, principaliter ei qui pactus
« est, proficiat (1).» — De son chef, l'acheteur peut se prévaloir soit des mêmes exceptions suivant les circonstances, soit de la *præscriptio longi temporis*, s'il a possédé le fonds vendu pendant dix ans entre présents ou vingt ans entre absents (2). Alors, il peut repousser l'action du véritable propriétaire ou des créanciers hypothécaires (3), il est à l'abri de toute éviction, et le vendeur est libéré de la garantie ; car ou bien l'acheteur aura opposé au demandeur la *præscriptio longi temporis* et le juge l'aura prise en considération, d'où il suit qu'il n'y aura pas éviction, ou bien l'acheteur n'aura pas invoqué ce moyen de défense ou s'il l'a invoqué le juge n'y aura pas eu égard, l'éviction procédera donc soit de l'injustice du juge, soit de la faute de l'acheteur, d'où il suit que le vendeur n'en est pas tenu (4). La même idée amène à décider que le vendeur n'est plus responsable de l'éviction une fois le temps nécessaire pour l'usucapion accompli, quand l'acheteur

(1) Dig. l. 23, de Pactis.
(2) C. l. 19, de Evict.
(3) C. l. 1, si adversus credit. præscript. opp.
(4) C. l. 19, de Evict.

était en position d'usucaper (1). Ici cependant, dans certains cas, un tempérament est apporté par le droit prétorien à la rigueur du droit civil. En effet, quand un propriétaire est éloigné par crainte raisonnable ou pour un service public, ou parce qu'il est en captivité chez l'ennemi, si une chose qui lui appartient est acquise par un tiers par usucapion, le préteur prenant en considération l'impossibilité dans laquelle le propriétaire a été de défendre ses droits, fait rescinder l'usucapion, et lui accorde l'action *in rem* fictice contre le possesseur. Lorsque c'est le possesseur en voie d'usucaper la chose d'autrui qui est absent, le propriétaire peut être dans l'impossibilité d'interrompre l'usucapion, car à Rome on ne peut actionner celui qui est absent et qui n'est défendu par personne. Si le possesseur arrive par là à compléter l'usucapion, le préteur la tient encore pour non avenue et donne au propriétaire l'action réelle fictice (2). Eh bien, dans de telles hypothèses le droit prétorien, en même temps qu'il rétablit pour le propriétaire l'action réelle, vient au secours de l'acheteur en lui ouvrant non pas l'action *ex empto* directe éteinte dès là que le délai de l'usucapion est expiré, mais l'action *ex*

(1) Dig. l. 56, § 3, de Evict.

(2) Dig. l. 1, § 1, l. 3, 9, 13, 14, 15, 22, 23 pr. et § 1, 25, 26, §§ 2 et 4, Ex quib. causis major.

3

empto utile (1). — Il y aurait encore faute de l'acheteur si, après avoir perdu la possession, il avait intenté pour recouvrer la chose, contrairement à l'avis du vendeur, une action dans laquelle les preuves à fournir étaient plus difficiles que dans celle que lui avait indiquée son garant. Tel serait le cas prévu par la loi 66 pr., Dig. *de Evict*. L'acheteur était de bonne foi au moment de la vente et au moment de la tradition, il perd la possession, le vendeur l'engage à intenter contre le possesseur l'action publicienne dans laquelle il lui suffira de prouver sa bonne foi aux deux époques de la vente et de la tradition. Au mépris de cet avertissement, l'acheteur agit en revendication, il se met dans l'obligation de prouver qu'il est propriétaire, ce qui implique celle d'établir la propriété de ses auteurs : il ne peut y parvenir, le possesseur est donc absous : l'acheteur perd tout recours contre son vendeur. Au reste, Papinien, auquel a été empruntée la loi 66, Dig. *de Evict.*, fait remarquer que cette solution ne devrait pas être étendue au cas où le vendeur n'aurait eu sur la chose qu'un droit de gage, et aurait conseillé à l'acheteur d'agir par l'action servienne pour se faire remettre en possession. Le vendeur ne peut imputer à l'acheteur de n'avoir pas suivi son conseil, car lui seul peut

(1) Dig. l. 66, § 1, de Evict.

recourir à l'action servienne ; le possesseur pouvant, d'ailleurs, retenir la chose en libérant le
gage, cette action ne suffirait pas à l'acheteur
pour rentrer en possession. — Mais la décision
de notre texte serait applicable au cas où l'acheteur vaincu dans la revendication aurait négligé
d'agir par la publicienne contre le possesseur (1).
N'aurait-il pas alors à craindre l'exception *rei
judicatæ*? Nullement ; pour que cette exception
soit opposable, il faut que la *causa petendi* soit la
même, or, dans la revendication, la cause de la
demande est la propriété, dans la publicienne la
cause de la demande est la *justa p ssessio.*

L'acquiescement de l'acheteur à la sentence qui
le condamne élèverait-il contre lui une fin de non
recevoir? Si le vendeur est intervenu dans l'instance, tous les interprètes s'accordent à reconnaître qu'il ne peut reprocher à l'acheteur de
n'avoir pas interjeté appel, il pouvait lui-même
user de cette dernière voie de recours s'il le ju-
geait convenable. Il n'en est plus ainsi lorsque le
vendeur est resté étranger au procès. Certains
commentateurs (2) pensent qu'alors l'acquiescement de l'acheteur à la sentence constitue une
faute qui emporte pour lui déchéance de l'action
ex empto. Ils invoquent en ce sens ce passage de

(1) Dig. l. 39, § 1, de Evict.
(2) Voët, ad Pandectas. de Evict. 30.

la loi 63, § 1, Dig. de Evict. : « Gaïa Seïa fundum
« a Lucio Titio emerat, et quæstione mota fisci
« nomine, auctorem laudaverat, et evictione se-
« cuta fundus ablatus, et fisco adjudicatus est,
« venditore præsente. » Cujas fait remarquer que
les mots *venditore præsente* sont en corrélation
avec ces mots *auctorem laudaverat*; qu'ils rappellent l'obligation imposée à l'acheteur de dénoncer le trouble au vendeur présent, et que par
conséquent on ne peut, par un argument *a contrario*, en conclure que l'acheteur est obligé d'appeler quand le vendeur n'a pas pris part aux dé-
bats. Cependant il admet, comme modification à
cette décision, que si l'éviction n'est pas fondée
en droit, *jure facta*, le vendeur peut opposer à
l'acheteur le défaut d'appel alors qu'il avait une
juste cause pour refuser d'acquiescer à la sentence (1). Cette doctrine nous semble la plus probable : pourquoi, lorsque l'éviction est fondée,
mettre l'acheteur dans la nécessité de former un
appel purement dilatoire ? — Faisons observer
que si l'acheteur ayant appelé a laissé expirer les
délais de l'appel, n'a pas rempli en temps utile les
formes prescrites, et par là s'est fait repousser par
une *præscriptio*, l'action *ex empto* lui sera encore

____

(1) Cujas, Comm. in lib. V, Resp. Herennii Madestini, ad l. 63,
de Evict.

fermée (1). C'est, en effet, la même chose de ne pas appeler quand on doit le faire, et d'appeler puis de ne pas poursuivre l'appel dans le délai fixé par les lois.

IV. — La garantie cesse encore d'avoir lieu si la sentence rendue contre l'acheteur est demeurée sans effet. Ainsi, l'acheteur a été condamné à délaisser l'héritage qu'il avait acheté, personne ne poursuit l'exécution de cette condamnation, par exemple, le demandeur est mort insolvable et personne ne s'est embarrassé d'exercer les droits appartenant à sa succession ; le vendeur cesse d'être responsable , *quia emptori rem habere licet* (2).

V. — Enfin, si l'acheteur a été averti par le vendeur, s'il a eu connaissance de toute autre manière des chances d'éviction, ou s'il y a eu une clause formelle de non garantie, la réalisation de ces chances ne lui permet pas de demander des dommages-intérêts pour éviction ; ne pourra-t-il pas, du moins, répéter le prix par lui payé ? Nous examinerons cette question en traitant de la garantie de fait.

Entre quelles personnes peut naître l'obligation de garantie ? L'action *ex empto* pour éviction compète à l'acheteur, mais que faut-il entendre

(1) Dig. l. 63, § 2, de Evict.
(2) Dig. l. 57, de Evict.

par acheteur? Ce n'est pas celui dont l'argent a servi à acquitter le prix, c'est celui qui a contracté : « Qui aliena pecunia comparat non ei cujus « nummi fuerunt, sed sibi tam actionem empti, « quam dominium, si ei fuerit tradita possessio, « quærit (1). » La raison en est que celui-là seul qui a contracté peut avoir l'action qui naît de son contrat. Ceci est tellement vrai que la personne qui en achetant fait l'affaire d'autrui et non la sienne propre, acquiert l'action *empti* (2): nous ne pouvons, en effet, acquérir un droit de créance *per liberam et extraneam personam* (3). Le mandant a seulement un recours contre son mandataire, l'action *mandati directa*, pour se faire rendre compte de l'indemnité obtenue du vendeur. Cependant la jurisprudence, s'écartant ici de la rigueur des principes du droit civil, reconnaît au profit du mandant non pas l'action *ex empto* directe, mais l'action *ex empto* utile, et par ce moyen il peut, sans être obligé de passer par l'intermédiaire de son mandataire, agir immédiatement contre le vendeur : « ergo et per contrarium « dicendum est, utilem ex empto actionem domino « competere (4). » Au reste, si la personne qui a

(1) Code, l. 8, lib. 4, tit. 50, Si quis alteri vel sibi.
(2) Code, l. 7, ibid.
(3) Inst. § 5, Per quas personas nobis adquiritur; Gaius, 2, 93.
(4) Dig. l. 13, § 25, in fine, de Act. empti.

figuré au contrat en qualité d'acheteur était une personne *alieni juris*, un esclave, un fils de famille, ce n'est pas elle qui acquerrait le droit d'action contre le vendeur, car les acquisitions d'un esclave, d'un fils de famille (sauf, en ce qui concerne ce dernier, les restrictions apportées à ce principe par l'introduction des divers pécules) profitent à celui sous la puissance duquel ils se trouvent (1); ce serait donc au maître, au *pater familias*, à exercer l'action *ex emplo* (2).

Il n'est pas nécessaire que l'acheteur ait été personnellement et en son nom propre évincé pour qu'il puisse réclamer l'application des règles de la garantie. Il suffit qu'il ait intérêt à ce que l'éviction n'ait pas eu lieu Cet intérêt apparaît d'une manière évidente toutes les fois que l'acheteur a lui-même vendu la chose à un sous-acheteur, et se trouve ainsi exposé à un recours de son ayant cause, soit parce qu'il ne peut lui livrer la chose, soit parce qu'il est tenu de le garantir. Tel serait le cas où une femme, ayant acheté un fonds *a non domino*, aurait donné ce fonds en dot à son mari avec estimation : l'estimation valant vente, le mari, évincé, agirait *ex emplo* contre sa femme pour se faire indemniser ; elle a donc intérêt à recourir contre son ven-

(1) Gains, II, § 87.
(2) Dig. l. 30, § 1, de Evict.

deur (1). Lors même que l'acheteur n'aurait à craindre aucun recours de son ayant cause, il pourrait avoir intérêt à demander des dommages-intérêts à son garant. Cette solution découle des lois 75 *de jure dotium*, Dig., et 66, § 2, *de evict.* Dig. Dans le premier texte, on suppose qu'une femme constitue en dot à son mari un fonds qu'elle a acheté *a non domino*, le mari est évincé; de là, cette question : La femme aura-t-elle l'action en garantie contre son vendeur? Ce qui peut faire doute, c'est que la dot *in bonis mariti est*, et que le fonds n'ayant pas été estimé, la femme n'est soumise à aucun recours; il semble donc qu'elle n'a pas un intérêt né et actuel à agir immédiatement; or, l'intérêt est la mesure de nos actions. Mais, comme les fruits de la dot eussent été appliqués aux charges du mariage, comme la femme en eût profité, si l'éviction ne fût pas survenue, il en résulte que cet événement lui préjudicie, et qu'elle a intérêt à actionner le vendeur. La seconde de nos lois raisonne dans l'hypothèse suivante : *Primus* vend un fonds à *Secundus*, qui, à son tour, vend le même fonds à *Tertius*; celui-ci, attaqué en revendication par un tiers, établit *Secundus* pour son *procurator ad litem*. Le tiers parvient à prouver qu'il est propriétaire du fonds, en conséquence le juge ordonne à Se-

____

(1) Dig. l. 46, de Jure Dotium.

cundus de restituer ; mais, pour ne pas être tenu de garantir *Tertius*, *Secundus* préfère payer la *litis œstimatio*. Son acheteur n'éprouvant aucune perte ne peut se plaindre : lui-même *subtilitate juris* devrait être privé de tout recours contre son vendeur *Primus* ; car, rigoureusement, ce n'est pas lui qui a été évincé, puisqu'il a payé la *litis œstimatio*, non pas en son nom propre, mais au nom d'autrui. Cependant, comme en définitive, l'éviction lui cause une perte, il ne peut, en effet, obtenir de *Tertius*, qu'il doit garantir, le remboursement de la somme payée au demandeur ; Papinien lui accorde contre *Primus*, son vendeur, l'action *ex empto*.

Un intérêt éventuel, un simple intérêt d'affection permettraient même à l'acheteur d'intenter l'action *ex empto*, dans le cas où son ayant cause serait évincé. La loi 71, Dig. *de Evict.*, contient la justification de chacune des parties de cette proposition. En premier lieu, il suffirait à l'acheteur d'un intérêt éventuel. Ainsi, un père donne un fonds en dot à sa fille, le mari est évincé, l'action *ex empto* sera-t-elle ouverte au père ? Au premier abord le père semble n'avoir aucun intérêt à ce que l'éviction n'ait pas eu lieu. Le fonds, en effet, a cessé de lui appartenir, tellement que s'il est fils émancipé, il ne sera pas tenu, en venant à la succession de son propre père,

« manente matrimonio filiæ, » de faire à ses frères restés en puissance *collatio* de la dot constituée à sa fille. Il ne serait grevé de cette obligation que dans le cas où la dot lui aurait fait retour par suite de la dissolution du mariage de sa fille avant l'ouverture de la succession. Cependant, de deux choses l'une : ou la fille est en puissance, ou elle est émancipée. Est-elle en puissance, la dot retourne toujours au père à la dissolution du mariage (1). Est-elle émancipée, la dot fait retour au père, quand le mariage se dissout par le prédécès de sa fille (2). Le père a donc intérêt à ce que sa fille soit dotée pour pouvoir un jour exercer ce droit : aussi Paul n'hésite-t-il pas à lui ouvrir alors l'action *ex empto*. — En second lieu, un simple intérêt d'affection serait suffisant. Supposons, en effet, la fille émancipée et survivant à son père, la dot dans cette hypothèse ne revient plus au père, il n'a plus aucun intérêt pécuniaire à voir sa fille dotée, il ne peut plus y avoir qu'un simple intérêt d'affection. Néanmoins, le jurisconsulte Paul lui donne encore l'action *ex empto* contre son vendeur.

L'acheteur ayant acquis, par l'effet de la vente, un droit éventuel à la garantie pour le cas où il serait évincé, transmet ce droit, comme tous ceux

(1) Dig. l. 6, pr. de Jure Dotium, l. 2, § 1, Solut. matrim.
(2) Dig. l. 5, de Divortiis, l. 10, pr. Solut. matrim.

qui composent son patrimoine, à ses successeurs
universels, ils auront donc l'action *ex empto* contre le vendeur. Mais chacun d'eux ne peut agir
contre le vendeur que pour sa part, car son intérêt est précisément égal à la part qu'il recueille
dans l'hérédité de son auteur (1). Nous pouvons
placer ici cette question agitée par Paul : Vous
m'avez vendu un fonds, je l'ai revendu à Titius,
puis je deviens héritier de Titius, je suis évincé,
aurai-je contre vous l'action en garantie ? La raison de douter est que je suis évincé non pas de
mon chef, mais comme héritier de Titius, car
ayant revendu le fonds à Titius, ce n'était plus
qu'en qualité d'héritier de celui-ci que j'en étais
le possesseur, c'est donc à proprement parler
l'hérédité de Titius qui souffre l'éviction. Or,
pour que cette éviction pût me donner contre
vous une action de garantie, il faudrait que
j'eusse quelque intérêt à ce que l'hérédité de
Titius ne souffrît pas de l'éviction Cet intérêt
ne se révèle pas au premier aperçu. On ne
peut, en effet, prétendre qu'il réside dans la
circonstance que je suis moi-même obligé, en
cas d'éviction, à la garantie envers Titius ou sa
succession ; car dès là que je suis devenu héritier
de Titius, mon obligation s'est trouvée paralysée
par la confusion, je ne puis être obligé envers

(3) Dig. l. 4, § 2, de Verb. oblig.

moi-même (1). Nonobstant ces considérations, Paul décide que je dois avoir dans cette hypothèse l'action en garantie contre vous et contre les fidéjusseurs que vous m'avez donnés. Comment justifie-t-il sa décision ? « Quoniam et cum « debitor creditori suo heres extiterit, ratio quæ- « dam inter heredem et hereditatem ponitur : et « intelligitur major hereditas ad debitorem per- « venire, quasi soluta pecunia, quæ debebatur « hereditati : et per hoc minus in bonis heredis « esse (2). » L'hérédité de Titius avait une créance contre moi à raison de l'éviction : si un autre que moi eût succédé à Titius, j'eusse été obligé d'acquitter ma dette ; eh bien, de même, je suis censé m'être payé à moi-même en tant qu'héritier de Titius les dommages intérêts dont j'étais débiteur et avoir diminué d'autant mon propre patrimoine. Si la somme ne sort pas réellement de ma caisse, elle n'y figure plus comme faisant partie de mes biens personnels, mais comme faisant partie de la succession de Titius, à laquelle elle était due. Il est donc vrai de dire que j'ai payé de mon chef et sur mes propres biens les dommages intérêts résultant de l'éviction que j'ai soufferte en ma qualité d'héritier de Titius : d'où il suit que j'ai intérêt à agir en

(1) Dig. l. 11, pr. de Evict.
(2) Dig. l. 11, § 2, de Evict.

garantie contre vous et vos fidéjusseurs. — La
même solution doit être étendue au cas inverse,
au cas où Titius auquel j'ai revendu le fonds
deviendrait mon héritier et serait ensuite évincé.
Il est censé s'être payé sur les biens de mon hérédité l'indemnité dont elle est devenue sa débi-
trice à raison de l'éviction; mon hérédité est
donc diminuée d'autant : « Et ex contrario, cum
« creditor debitori suo extitit heres, minus in
« hereditate habere videtur, tanquam ipsa here-
« ditas heredi solverit (1); » or vous, mon vendeur, vous êtes obligé d'indemniser ma succession ; et par conséquent Titius, mon héritier, a
action contre vous et vos fidéjusseurs. — Il en
serait encore ainsi, dans le cas où la même personne deviendrait héritière du second vendeur et
du second acheteur.

Quant aux successeurs à titre particulier de
l'acheteur, l'action *ex empto* ne leur est pas accordée contre le vendeur de leur auteur. Chez les
Romains, nous le répétons, celui-là seul peut agir
en vertu d'un contrat, qui a participé à ce contrat. Si donc nous supposons plusieurs ventes suc-
cessives, le dernier acheteur évincé ne pourra pas,
négligeant les vendeurs intermédiaires, s'adresser
directement au vendeur originaire : il pourra seulement recourir contre son vendeur immédiat. La

(1) Dig. l. 41, § 2, de Evict.

loi 59, Dig. *de evictionnibus* s'explique formellement en ce sens. J'ai acheté de Titius une chose
qui ne lui appartenait pas; je deviens héritier d'une
personne qui lègue cette chose à Sempronius;
j'exécute le legs mis à ma charge; Sempronius est
évincé par le véritable propriétaire, il a droit à
garantie, « quia heres non videtur dedisse quod
« ita dederat, ut habere non possit legatarius »,
pourra-t-il venir trouver directement mon vendeur? Non, à moins que je ne lui aie cédé mon
action : « non potest legatarius conventus a do-
« mino rei venditori meo demunciare : nisi cessæ
« ei fuerint actiones. »

Contre qui est donnée l'action *ex empto* pour
éviction? Contre celui qui a contracté en qualité
de vendeur, n'eût-il donné à la vente qu'un consentement tacite (1). De là il suit que si la vente
a été faite par un mandataire, lui seul est soumis
au recours de l'acheteur, sauf à lui à poursuivre
ensuite contre son mandant, par l'action *mandati
contraria*, la réparation du préjudice que lui a
fait éprouver l'exécution du mandat. Tel est le
principe du droit civil. Mais ici encore la jurisprudence s'est départie de cette rigueur et a reconnu à l'acheteur le droit de venir directement
trouver le mandant au moyen de l'action *ex*

(1) Dig. 1. 12, de Evict.

empto utile (1). La même décision est étendue au cas où la vente a été faite par le tuteur d'un impubère; l'acheteur évincé peut agir directement contre le pupille, et cela que le tuteur soit solvable ou insolvable (2). Que si le vendeur est un esclave, il n'a pu, *jure civili*, s'obliger par lui-même, ni obliger son maître envers l'acheteur; celui-ci est donc, en droit strict, dénué de tout recours. Toutefois, le droit prétorien admet diverses actions au moyen desquelles celui qui a fait affaire avec un esclave peut réclamer contre le maître l'exécution des obligations qui en sont résultées. Deux considérations servent de fondement à ces actions créées par le droit prétorien : 1° l'ordre, l'autorisation donnés expressément ou indirectement par le maître; 2° le profit qu'il a retiré de l'opération de son esclave. A-t-il ordonné l'acte, l'a-t-il autorisé : l'équité demande qu'il en subisse les effets; en a-t-il tiré quelque profit, l'équité veut encore qu'il soit tenu au moins dans les limites de ce profit. A la première de ces considérations se rattachent : 1° l'action *quod jussu* quand le maître a ordonné l'opération ; 2° l'action *institoria* ou *exercitoria* quand il a donné à l'esclave une autorisation indirecte de faire l'acte, en le préposant à certaines opérations; 3° l'action *de*

(1) Dig. l. 13, § 23, de Actionibus accepti.
(2) Dig. l. 1, § 1er, de Evict.

peculio quand cette autorisation indirecte dérive de la circonstance que le maître a confié à l'esclave l'administration de certains biens, lui a confié un pécule. Dans les deux premiers cas, faisons-le observer, le maître est tenu pour le tout, dans le dernier jusqu'à concurrence du pécule seulement. A la seconde considération se lie l'action *de in rem verso*. Ainsi, selon que l'une ou l'autre de ces situations se rencontreront, l'acheteur évincé dirigera contre le maître les actions *quod jussu, institoria ou exercitoria, de peculio, ou de in rem verso* (1), ou plutôt l'action *ex empto* transformée en action *quod jussu,* etc.; car ces actions prétoriennes ne sont pas des actions particulières ayant une existence à elles propres, ce sont des modifications de l'action qui naît du contrat fait par l'esclave. — Si le vendeur est un fils de famille, il s'oblige lui-même; c'est donc contre lui que sera donnée l'action *ex empto:* « Filius familias ex omnibus « causis tanquam pater familias obligatur (2). »

L'action *ex empto* est donnée contre les héritiers du vendeur, bien que l'événement qui réalise l'éviction soit postérieur au décès de leur auteur. Le vendeur, en effet, s'est obligé à indemniser l'acheteur pour le cas où celui-ci serait évincé, il est donc obligé sous la chance d'un événement

(1) Dig. l. 39, § 1er, de Evict.
(2) Dig. l. 39, de Oblig. et act.

futur et incertain, sous une condition ; or s'il vient à mourir avant l'accomplissement de cette condition, il transmet à ses héritiers la dette éventuelle dont il était grevé (1).

S'il y a plusieurs vendeurs, ou si le même vendeur laisse plusieurs héritiers, chacun d'eux n'est tenu de l'action *ex empto* que pour la part qu'il a vendue ou pour la part qu'il recueille dans l'hérédité de son auteur (2). Rappelons ici seulement que la *litis denuntiatio* doit être faite à chacun des garants, autrement celui-là seul qui aurait été averti serait obligé aux dommages-intérêts envers l'acheteur, dans les limites de sa part, bien entendu (3). — Remarquons que, dans le cas où l'acheteur a été évincé par un créancier hypothécaire, il peut agir même contre celui des garants qui pour sa part aurait acquitté la dette à la sûreté de laquelle était affectée la chose hypothéquée. L'hypothèque, en effet, est indivisible, c'est-à-dire que tant que la dette entière n'est pas acquittée, l'hypothèque subsiste sur la totalité de la chose, l'objet reste affecté pour le tout au droit du créancier ; lors donc que l'un des débiteurs paie ce qu'il doit supporter dans la dette, il ne libère pour aucune partie l'objet hypothéqué, il

(1) Dig. l. 51, § 3, de Evict.
(2) Dig. l. 39, § 2, de Evict., l. 139, in fine, de Verb. oblig.
(3) Dig. l. 139, l. 85, § 3, de Verb. oblig.

ne met aucun obstacle à ce que le créancier puisse exercer l'action hypothécaire et évincer l'acheteur pour le tout. S'il en est ainsi, le payement partiel fait par ce débiteur ne peut le soustraire à la garantie. Mais comme, en définitive, il a fait tout ce qui dépendait de lui pour éviter l'éviction, il ne doit pas souffrir de la négligence de ses codébiteurs, il aura donc recours contre eux (1).

Au reste, il ne faut pas regarder comme vendeur celui qui, comme un usufruitier, un créancier hypothécaire (2), intervient dans la vente pour renoncer au droit qu'il a sur la chose : « Aliud est vendere, aliud vendenti consentire (3), » le vendeur s'engage à « præstare emptori rem « habere licere, » celui dont nous parlons promet seulement de ne pas opposer à l'acheteur le droit qu'il avait sur la chose.

Un gage a été saisi sur un débiteur pour assurer l'exécution d'un jugement, et vendu, sur l'autorisation du magistrat, par les *apparitores*; l'acheteur est évincé, contre qui pourra-t-il agir en garantie ? ou, ce qui revient au même, qui dans une telle vente est le véritable vendeur ? Est-ce le magistrat qui a ordonné la vente, ou les *apparitores* qui l'ont opérée, ou le créancier à la requête

(1) Dig. 1. 65, de Evict.
(2) Dig. 1. 8, § 6, quibus modis pignus vel hyp. solv.
(3) Dig. 1. 160, de Regulis Juris.

et dans l'intérêt duquel elle a eu lieu, ou enfin le débiteur sur lequel a été pratiquée cette voie d'exécution connue sous le nom de *Prætorium pignus*? Le magistrat, ses *apparitores*, le créancier pourraient être considérés comme vendeurs, les *apparitores* parce que ce sont eux qui ont traité avec l'acheteur; le magistrat et le créancier, parce qu'ils ont donné mandat de vendre. Mais, en réalité, aucune de ces personnes n'a joué le rôle de vendeur; elles n'ont pas agi en leur nom propre, mais au nom du débiteur; ce ne sont pas elles non plus qui retirent l'émolument de la vente, c'est le débiteur, puisque par là il se trouve libéré envers son créancier. Aussi est-ce contre lui que devra être dirigée l'action *ex empto* (1).

Il semble qu'il en devrait être de même du cas où un créancier gagiste ou hypothécaire a vendu le gage ou la chose qui lui était hypothéquée ; il semble qu'alors le véritable vendeur est le débiteur et que c'est à lui que l'acheteur évincé devrait réclamer des dommages-intérêts par l'action *ex empto*. Il n'en est rien cependant : le vendeur est le créancier, s'ensuit-il qu'il soit tenu de garantir l'acheteur? Il importe de distinguer ici quelle est la cause de l'éviction : provient-elle de ce que le débiteur n'était pas propriétaire? provient-elle, au contraire, de ce que le créancier n'avait pas

(1) Dig. 1. 74, § 1, de Evict.; C. 1. 13, eod. tit.

sur cette chose le *jus pignoris* dans toute sa plénitude? Au premier cas, le créancier n'ayant pas eu connaissance de la non propriété du débiteur, n'est pas garant de l'éviction; en vendant *jure pignorius* ou *lege pignoris* il a entendu vendre la chose comme *pignus*, et garantir seulement son propre droit sur la chose. Il ne sera donc tenu envers l'acheteur évincé, ni aux dommages-intérêts, ni à la restitution du prix. « Cum jure creditoris « propter fisci debita prædium obligatum procu- « rator meus venumdedit, evictio non debetur : « quia et privatus creditor eodem jure utitur; nisi « nominatim hoc repromissum a privato fuerit « creditore (1). »La même doctrine se trouve consacrée dans la loi du 2, C : « creditorem evictionem « pignoris non debere.» On a soutenu que ces textes ne s'appliquent qu'aux dommages-intérêts qui peuvent être dus à l'acheteur au-delà du prix; qu'ils ne disent pas que le créancier n'est pas obligé de restituer le prix, qu'il ne soit pas soumis à une *condictio indebiti*. Mais est-il à croire que si le créancier eût dû restituer le prix, ces textes ne s'en fussent pas expliqués formellement. Ils déclarent tout simplement que le créancier n'est pas garant de l'éviction; « evictio non debetur, hu- « jusmodi contractus inscium creditorem vinculo « evictionis non adstringit,» ce qui, selon nous,

(1) C. l. 1, Creditor Evict. pig. non deb.

doit être pris dans le sens le plus général et embrasser même la restitution du prix. D'ailleurs la
loi 11, § 16. Dig. *de evictionibus* ne laisse aucun
doute à cet égard ; « nam, dit-elle, si jure credito-
« ris vendiderit, deinde hæc fuerint evicta , non
« tenetur, nec ad pretium restituendum ex empto
« actione creditor. »Cependant, quoique le créancier vende la chose *jure pignoris*, s'il a su qu'elle
n'appartenait pas à son débiteur, il sera responsable de l'éviction à raison du son dol (1). Abstraction faite de cette circonstance, l'acheteur évincé
pourra seulement exiger que le créancier lui cède
l'action qui lui compète contre le débiteur qui lui
a donné en gage la chose d'autrui, c'est-à-dire
l'action *pignoratitia contraria* (2) Bien mieux,
sans qu'il soit nécessaire de recourir à cette cession, on accorde à l'acheteur jusqu'à concurrence
du profit qu'il a procuré au débiteur l'action
pignoratitia contre ce dernier (3). Or si le débiteur eût passé pour le vendeur, l'acheteur eût pu
le poursuivre par l'action *ex empto*, il n'eût pas été
besoin d'étendre l'action *pignoratitia* à un cas auquel elle n'était pas directement applicable. Cette
extension nous paraît donc bien démontrer que le
vendeur est ici le créancier.

(1) Dig. l. 11, § 16, de Act. Empt.
(2) Dig. l. 38, de Evict.
(3) Dig. l. 12, § 1, de distract. pign.

Que si l'éviction procède de la circonstance que le créancier n'avait sur la chose aucun droit de gage, ou qu'il n'avait pas ce droit dans toute sa plénitude, qu'il n'avait pas le *jus vendendi*, soit parce que le débiteur le lui avait enlevé par une convention spéciale, soit parce qu'il était primé par d'autres créanciers (1), l'acheteur a contre lui l'action *ex empto*. Le créancier doit garantir que la chose lui est engagée et qu'il est préférable à tous autres (2).

Jusqu'ici nous avons supposé l'acheteur actionné en délaissement par un tiers et agissant ensuite *ex empto* contre le vendeur ; mais il est possible qu'il soit actionné par celui-là même qui doit le garantir ; il trouvera alors dans la garantie une exception ou, plus généralement, un moyen de défense tendant à repousser la demande formée contre lui. Il pourra opposer à son adversaire une exception ou une réplique conçue *in factum*, l'*exceptio* ou la *replicatio rei venditæ et traditæ*, ou bien l'*exceptio* ou la *replicatio doli*, car il y a dol du garant à vouloir évincer celui qu'il a promis de défendre contre toute éviction.

Si nous nous reportons à l'époque de la distinction des choses en *res mancipi* et *res nec mancipi*, nous rencontrerons une première application de

(1) Dig. l. 12, qui potior. in pign.; Code l. 2 et 3, *si antiquior creditor.*

(2) Code l. 1 et 2, Creditor. evict. pign. non deb.

ce moyen de défense accordé à l'acheteur. En effet, lorsque le vendeur, propriétaire d'une chose *mancipi*, fait à l'acheteur tradition de cette chose, sans remplir les solennités de la mancipation ou de la cession juridique, la propriété *ex jure quiritium* reste fixée sur sa tête. lui seul a la revendication ; l'acheteur a simplement la chose *in bonis*, et son droit est protégé par la seule action publicienne, qu'il peut intenter contre tout possesseur ; et encore si ce possesseur est le propriétaire *ex jure quiritium*, est-il arrêté par l'*exceptio justi dominii*. Mais, si le propriétaire est lui-même le vendeur, l'acheteur paralysera l'*exceptio justi dominii* par la réplique de garantie, la « replicatio rei venditæ et traditæ. » Dans le droit de Justinien, il n'est plus question de *res mancipi* et *neo mancipi* ; la mancipation et la cession juridique sont tombées en désuétude ; la tradition seule subsiste encore comme mode de transporter la propriété entre vifs. Cette application de l'exception ou de la réplique de garantie ne peut plus se présenter ; mais notre exception sera encore utilement opposée aux personnes suivantes : 1° au vendeur qui, ayant vendu la chose d'autrui, aura, depuis la vente, acquis la propriété de cette chose et voudra revendiquer contre l'acheteur (1) ; 2° au propriétaire de la

(1) Dig. l. 1, pr. de Except. rei vend. et trad. ; l. 17, de Evict.

chose vendue, qui, devenu héritier du vendeur,
sera en cette qualité grevé des obligations de
celui-ci (1). Si le vendeur a laissé plusieurs héritiers, le propriétaire héritier pour partie, ren-
contrera-t-il dans « l'exceptio rei venditæ et traditæ, » obstacle pour le tout au succès de sa
revendication, ou seulement pour la part pour
laquelle il représente le défunt, conservant ainsi
la faculté de revendiquer sa chose, déduction faite
de cette part ? A cette question répond la loi 14,
Code, *de rei vind*. : « Cum a matre domum filii,
« te sciente, comparasse proponas, adversus eum
« dominium vindicantem, si matri non successit,
« nulla te exceptione tueri potes. Quod si vendi-
« tricis obtinet hereditatem, doli mali excep-
« tione, pro qua portione ad eum hereditas per-
« tinet, uti non prohiberis. » On a essayé de nier
la portée de ce texte en disant qu'il se réfère à
une hypothèse dans laquelle l'acheteur a su que
le vendeur n'était pas propriétaire, dans laquelle
il n'est pas dû garantie, et que dès lors il est naturel que l'héritier puisse revendiquer. Mais, s'il
était vrai que dans l'espèce de la loi 14 il n'y avait
pas lieu à garantie, pourquoi l'héritier ne pourrait-il revendiquer sa chose pour le tout, pourquoi
ne pourrait-il revendiquer que déduction faite de
la part pour laquelle il est le continuateur de la

(1) Dig. l. 1, § 1, de Except. rei vend. et trad.

personne du vendeur ? Il faut donc admettre que notre texte a réellement trait à un cas où l'héritier est obligé à la garantie, ce qui n'est nullement en désaccord avec la règle que l'acheteur de mauvaise foi n'a pas droit à garantie ; car nous verrons que cette règle n'est applicable qu'autant qu'il n'est pas intervenu entre les parties de convention contraire.

3° A l'héritier du vendeur lorsqu'il prétend revendiquer non plus en vertu de son droit propre, mais en vertu de l'acquisition de la propriété faite par son auteur postérieurement à la vente (1).

4° Au successeur à titre particulier du vendeur. Ainsi *Primus* a vendu et livré la chose d'autrui à *Secundus*, il devient ensuite propriétaire de cette chose par succession ou autrement, il la vend et la livre à *Tertius* ; celui-ci pourra-t-il évincer *Secundus* ? Non ; *Tertius*, il est vrai, n'est pas le continuateur de la personne de *Primus*, il n'est pas tenu des obligations de ce dernier ; mais *Primus* n'a pu lui transférer plus de droits qu'il n'en avait lui-même. Or si *Primus*, après avoir acquis la propriété, eût intenté la revendication contre *Secundus*, il eût été écarté par l'exception « rei venditæ et traditæ ; » de même, si *Secundus* avait perdu la possession, et eût dirigé l'action

(1) Dig. l. 3, § 1er, de Except. rei vend. et trad.; l. 18, 73, de Evict.

publicienne contre *Primus* redevenu possesseur de la chose, il eût paralysé « l'exceptio
« justi dominii » que lui eût opposée celui-ci par
la réplique de garantie. En conséquence, *Primus*
n'a pu transmettre à *Tertius* un droit plus efficace
que celui qu'il avait conservé lui-même. Par là
s'explique la préférence accordée à *Secundus* (1).

5° Au fidéjusseur du vendeur. Le fidéjusseur a
contracté comme le vendeur l'obligation de garantir l'acheteur : de là vient que souvent il est
dénommé dans les textes *auctor secundus* (2);
il s'est donc engagé à ne lui susciter de son chef
aucun trouble. Il ne saurait ici alléguer qu'en
qualité de fidéjusseur il n'est obligé à la garantie
que subsidiairement au vendeur qui en est le
débiteur principal, il ne saurait opposer à l'acheteur le bénéfice de discussion. Dans l'espèce, en
effet, l'obligation de défendre ne peut être acquittée par le vendeur, mais par le fidéjusseur,
puisque seul il peut faire cesser le trouble qu'il
apporte à la jouissance de l'acheteur. Ce que nous
disons du fidéjusseur est également vrai pour son
héritier ; les héritiers sont, en principe, tenus de
la même manière que leur auteur. Toutefois
Voët (3) et quelques autres commentateurs ont

(1) Dig. l. 72, de rei vind.: l. 4, § 32, de dol. mal. et met. except.,
l. 3, § 1, l. 2, de Except, rei vend. et trad.

(2) Dig. l. 4, pr., de Evict.

(3) Voët, ad Pandectas, de Except. rei vend. et trad. n° 2.

pensé que l'exception de garantie n'est pas opposable à l'héritier du fidéjusseur lorsqu'il invoque son propre droit de propriété. Ils fondent cette opinion sur la loi 31 Code, de Evict. ainsi conçue : « Heredem fidejussoris rerum, pro quibus defun- « ctus apud emptorem intercesserat pro vendi- « tore, factum ejus, cui successit, ex sua persona « dominium vindicare non impedit : scilicet evi- « ctionis causa durante actione. » Au premier abord, il faut le reconnaître, notre loi paraît bien favoriser cette interprétation. Mais faisons observer que la question sur laquelle statuent les empereurs Dioclétien et Maximien n'est pas de savoir si à la revendication formée par l'héritier du fidéjusseur l'acheteur pourra répondre par l'exception de garantie. Le point sur lequel il y avait doute était celui de savoir si l'acheteur, qui pouvant opposer cette exception ne l'a pas fait, conserve néanmoins son recours en garantie. La raison de douter est que la garantie cesse toutes les fois que l'acheteur eût pu éviter l'éviction. Nonobstant cette considération, la loi 31 décide que l'héritier du fidéjusseur étant l'auteur de l'éviction n'est pas recevable à se soustraire à la garantie sous le prétexte que l'éviction est imputable à une négligence de l'acheteur : « scilicet « evictionis causa durante actione. » Et ceci n'est pas spécial au cas qui nous occupe en ce

moment. Il en est de même lorsque le demandeur
en revendication se trouve être soit le vendeur,
soit son héritier, soit le fidéjusseur du vendeur (1).
Dans toutes ces hypothèses, l'acheteur peut, à
son choix, combattre la demande par l'exception
de garantie, ou se laisser évincer et intenter ensuite l'action *ex empto* contre son garant.

6° Enfin l'exception de garantie reçoit encore
application dans le cas où le créancier gagiste qui
a vendu la chose en acquiert la propriété et veut,
en vertu de ce nouveau droit, évincer l'acheteur (2).

Cette exception compète, du reste, tant à l'a-
cheteur qu'à ses successeurs universels et à titre
particulier (3).

CHAPITRE II.

Des effets de la garantie dans l'action *ex empto*.

Après avoir examiné quels événements donnent
lieu à l'application des règles de la garantie, quelles personnes sont grevées de cette obligation,
quelles personnes peuvent s'en prévaloir, nous
sommes naturellement amené à en étudier les ef-

(1) Dig. l. 17, 18, 73, de Evict.
(2) Dig. l. 10, de distr. pign.
(3) Dig. l. 3 pr. de Except. rei vind. et trad.

fets. Pour faciliter l'intelligence de cette partie de notre travail, nous placerons d'abord l'acheteur en face du tiers qui l'évince, nous considérerons le compte à établir entre ces deux personnes; puis nous développerons les principes propres au compte à établir entre le vendeur et l'acheteur. Nos développements sur ces divers points auront trait seulement à l'acheteur de bonne foi, car lui seul a droit à garantie.

Lorsque le juge reconnaît que le revendiquant est propriétaire, il le déclare et ordonne au possesseur de restituer la chose et tous les accessoires, *omnem causam rei*, comme l'enfant né de l'esclave revendiquée, et les acquisitions advenues au possesseur par le moyen de l'esclave, à l'exception de celles qui proviennent *ex re ipsius* ou *ex operis servi*. Quant aux fruits, il faut, selon nous, admettre une distinction : dans le droit classique, le possesseur garde pour lui ceux qu'il a perçus de bonne foi jusqu'à la *litis contestatio*; dans une jurisprudence postérieure consacrée par la loi 22 , Code *de rei vindical* , le possesseur est tenu de restituer les fruits existants, c'est-à-dire non comsommés. La restitution imposée au possesseur doit mettre le demandeur dans la position où il serait si la chose lui eût été vendue au moment de la *litis contestatio*, car il ne doit pas souffrir des lenteurs inévitables du procès. Pour être complète, elle doit donc comprendre, en outre, les fruits perçus à compter de la *litis contestatio*, les diverses acquisitions opérées par l'esclave revendiqué, et dont le possesseur eût profité si elles avaient eu lieu antérieurement à l'instance. Une exception est apportée à cette règle pour le cas où la valeur donnée en échange de l'objet acquis a été tirée du patrimoine personnel du possesseur, il garde alors l'acquisition : les legs, les hérédités laissés par le testateur à l'esclave en vue du possesseur lui-même, *contemplatione ipsius*, *propter ipsum* (1), rentrent sous cette exception : le possesseur en conserve le profit comme provenant de son bien. Sous ce rapport, le possesseur de bonne foi n'est pas depuis la *litis contestatio* complétement assimilé au possesseur de mauvaise foi. En effet, parmi les acquisitions faites par l'esclave, il ne restitue pas celles qui viennent *ex re sua*, mais seulement celles qui viennent *ex operis servi*, tandis que le possesseur de mauvaise foi restitue celles qui lui sont advenues de l'une ou de l'autre manière.

Avant la *litis contestatio*, avant d'avoir été averti que la chose pourrait bien ne pas lui appartenir et être sujette à restitution, le possesseur peut avoir fait certaines dépenses en vue soit de conserver la chose, soit de l'améliorer.

(1) Dig. l. 45, § 1, de adq. hered.

seulement. Quant aux premières, le propriétaire doit les lui rembourser intégralement ; il ne peut se plaindre, puisque si ces dépenses n'eussent pas été faites, la chose n'existerait plus en tout ou en partie. Quant aux secondes, quant aux impenses simplement utiles, grâce auxquelles la chose vaut plus qu'auparavant, tout ce qu'exige la bonne foi, c'est que le propriétaire ne s'enrichisse pas au détriment du possesseur, il suit de là que le remboursement mis à la charge du revendiquant ne devra dépasser ni le montant de la plus-value, si l'augmentation de valeur n'est pas égale à ce que les travaux ont coûté, ni le montant de la somme dépensée, si la plus-value est supérieure à la dépense (1). Si le propriétaire se refuse à ces remboursements, le possesseur pourra, au moyen de l'exception de dol, obtenir de ne pas restituer avant d'avoir été désintéressé, ou de n'être condamné à l'estimation de la chose que déduction faite de ses déboursés (2). Cette règle ne souffre aucune exception pour les dépenses nécessaires ; mais pour les dépenses utiles, elle est modifiée par divers tempéraments d'équité. Ainsi le propriétaire est hors d'état de rembourser les dépenses utiles effectuées par le possesseur, il lui faudrait pour cela vendre le

(1) Dig. l. 38, de rei vind.
(2) Inst. § 30, de rerum divis.

fonds, et il tient à le conserver parce que c'est un bien de famille; l'équité veut qu'on ne lui impose pas un tel sacrifice : la perte retombera sur le possesseur, auquel il sera permis seulement d'enlever ses constructions, pourvu que par là il ne détériore par le fonds (1). De même, le propriétaire n'a pas les moyens de subvenir au remboursement des frais d'éducation de l'esclave que le possesseur a fait instruire : on ne peut point enlever à l'esclave l'instruction qui lui a été donnée, et pourtant le propriétaire ne doit pas, faute de payer une dépense qu'il n'aurait pas faite lui-même, être forcé de se priver de cet esclave qu'il désire conserver; le juge ordonnera donc au possesseur de rendre l'esclave, sans forcer le propriétaire à l'indemniter (2). Mais alors le demandeur ne pourrait exiger du défendeur les fruits qui sont le produit de l'art enseigné à l'esclave (3).

Si l'acheteur a bâti, a fait des plantations ou autres améliorations depuis qu'il a appris que le fonds appartient à autrui, obtiendra-t-il l'exception de dol pour se faire tenir compte de ses impenses? Le jurisconsulte Julien semble dire d'abord qu'elle lui sera refusée; puis il ajoute

(1) Dig. l. 38, de rei vind.
(2) Dig. l. 27, § 5, *in fine*, de rei vind.
(3) Dig. l. 31, de rei vind.

qu'on pourrait la lui accorder, parce qu'il ne s'agit pas pour lui de faire un profit, mais d'éviter une perte. Ulpien repousse cette opinion, il dénie alors l'exception de dol au possesseur : celui-ci doit s'imputer d'avoir fait des améliorations alors qu'il savait que le fonds ne lui appartenait pas, et que ces améliorations suivant le sort du sol seraient perdues pour lui. Cependant le possesseur conserverait le droit d'enlever ses constructions sans détériorer le fonds (1).

Dans le droit classique, le possesseur n'obtiendra, du reste, le remboursement de ses impenses qu'autant qu'il n'en aurait pas déjà été dédommagé par les fruits perçus avant la *litis contestatio*. Il s'opérera donc compensation entre la somme dépensée et l'estimation de ces fruits : l'excédant, s'il y en a, sera payé par le propriétaire. Cette compensation, on le voit, a pour résultat de faire supporter au possesseur soit la totalité, soit une partie de ses dépenses, puisqu'elles sont imputées sur des fruits qu'il devait conserver (2). Suivant la théorie formulée dans la loi **22**, au Code, *de rei vindicatione*, cette compensation ayant lieu sur des valeurs que le possesseur devrait restituer, a pour effet de mettre

(1) Dig. l. 37, de rei vind.; l. 7, § 12, de adq. rerum dom.
(2) Dig. l. 48, de rei vind.

tout ou partie de ces impenses à la charge du propriétaire.

Ainsi se règlera le compte entre le revendiquant et l'acheteur, lorsque celui-ci restituera la chose. S'il ne restitue pas, le juge peut lui faire enlever la chose de force et faire remettre le demandeur en possession. Quand la restitution forcée n'est pas demandée, le possesseur est condamné aux dommages-intérêts, *litis æstimatio*, envers le propriétaire.

Que si l'acheteur a succombé non plus comme défendeur, mais comme demandeur à la revendication, aucune restitution ne peut lui être évidemment imposée; mais si la chose a été pour lui l'occasion de dépenses pourra-t-il en réclamer le remboursement? nullement, car il n'a pas entendu gérer l'affaire du propriétaire, il travaillait pour lui-même (1).

Si, au lieu d'avoir amélioré la chose, l'acheteur l'a détériorée, il faut distinguer l'époque à laquelle les détériorations se sont produites : ont-elles eu lieu antérieurement à la *litis contestatio*, l'acheteur ne doit aucune indemnité au propriétaire, « quia quasi suam rem neglexit, nulli que- « relæ subjectus est » (Dig. *de hæred. petit.*); ont-elles eu lieu après la *litis contestatio*, il en est comptable envers le propriétaire.

(1) Dig. 1. 18, de rei vind.

Mettons maintenant l'acheteur en présence du vendeur; que réclamera-t-il à son garant? La théorie des lois romaines sur ce point est fort simple. Le vendeur n'a pas exécuté l'engagement qu'il a contracté, il se trouve dans la position de tout débiteur qui ne satisfait pas à ses obligations, il doit à l'acheteur une indemnité, et cette indemnité doit être égale à l'appréciation de l'intérêt que pouvait avoir l'acheteur à ce que la chose fût la propriété de son auteur. L'acheteur, en un mot, doit avoir en argent ce qu'il conserverait en nature, si l'éviction ne fût pas survenue. Ce principe est posé nettement dans la loi 23, C. *de evict.* : « Quod sive præsentibus his fundus,
« quem emisti, fuerit evictus, sive absentibus
« postea, quanti tua interest rem evictam non
« esse, teneri, non quantum pretii nomine
« dedisti, si aliud non placuit, publico notum
« est. » Cependant Dumoulin, dans son traité *de eo quod interest*, a cru reconnaître dans les textes la consécration d'une doctrine bien différente. Selon lui, l'action *ex empto* comprend deux chefs distincts : l'un fixe, invariable, a pour objet la restitution du prix ; l'autre variable de sa nature a pour objet les dommages-intérêts qui, suivant les circonstances, viennent ou non s'adjoindre au prix (1). Le prix doit être rendu à

(1) Dumoulin, Tract. *de eo quod interest*, n° 68.

l'acheteur dans tous les cas, la valeur de la chose
fût-elle moindre au jour de l'éviction qu'au jour
du contrat. Au contraire, les dommages-intérêts
constituant un élément variable de l'action *ex
emplo*, seront dus par le vendeur, si la chose a
augmenté de valeur, tandis qu'il n'en sera pas
question si elle a éprouvé une diminution de
valeur. Tout dans ce système adopté par notre
Code Napoléon est en faveur de l'acheteur ; car
dans le cas où la chose a diminué de valeur, il
tient le contrat pour non avenu et rentre dans le
prix par lui payé ; dans l'hypothèse inverse il
maintient le contrat et demande outre son prix
des dommages-intérêts. Et pourquoi le vendeur
est-il toujours tenu de rendre au moins le prix ?
Voici la raison que nous en donne Dumoulin.
« Cur tu cum non esses dominus, nilque juris
« haberes, lucraberis dimidiam partem pecuniæ
« meæ cum jactura mea, prætextu deterioratio-
« nis etiam casualis ? Cur qui non dominus et
« alium decipit versabitur in lucra, deceptus vero
« in damno (1) ? » Ce qui revient à dire que le
prix se trouve en quelque sorte sans cause entre
les mains du vendeur, et que l'acheteur exerce
une sorte de *condictio indebiti.* Ce motif, quel
qu'en fût la valeur, ne pouvait suffire à lui seul
pour établir que tel était bien la doctrine romaine :

(1) Dumoulin, ibid., n° 69.

il fallait encore prouver l'application de cette doctrine dans les textes. Aussi Dumoulin et Pothier après lui, invoquent-ils à l'appui de l'opinion qu'ils soutiennent la loi 43 *in fine*, Dig. *de act. empti*, qui, statuant sur le point de savoir si l'acheteur qui a fait des dépenses pour instruire l'esclave dont il est évincé pourra par l'action *empti* obtenir du vendeur le remboursement de ces dépenses, répond : « De sumptibus vero quos
« in erudiendum hominem emptor fecit, viden-
« dum est : nam empti judicium ad eam quoque
« speciem sufficere existimo : non enim pre-
« tium continet tantum, sed omne quod interest
« emptoris, servum non evinci. » Voilà bien, disent ces auteurs, les deux chefs de l'action *empti* clairement distingués ; ils trouvent encore la confirmation de cette interprétation dans la loi 60, Dig. *de Evictionibus*, qui porte : «Si in ven-
« ditione dictum non sit, quantum venditorem
« pro evictione præstare oporteat : nihil venditor
« præstabit, *præter simplum* (id est pretium), et
« ex natura ex empto actionis hoc quod interest ; »
et dans la loi 74, § 2, *de Evict.* Dig., ainsi conçue : « Mota quæstione, interim non ad pretium
« restituendum, sed ad rem defendendam
« venditor conveniri potest. »

Dumoulin a eu grand tort de vouloir rattacher sa théorie au droit romain. La base même, sur

laquelle il prétend l'asseoir, lui fait défaut. En
effet, admettre que le vendeur est toujours obligé
de rendre le prix, parce qu'il le garderait sans
cause, c'est, en se plaçant au point de vue romain,
avancer une inexactitude. L'acheteur, dans les
idées romaines, a payé le prix, non pour devenir
propriétaire, mais pour se libérer de l'obligation
qu'il a contractée en achetant; or, celui qui paie
en vue de se libérer d'une dette ne peut répéter
le paiement par lui fait qu'à la condition de
prouver l'inexistence de la dette qu'il entendait
acquitter ; cette preuve évidemment ne peut être
fournie par l'acheteur. Les textes sont-ils plus
favorables à Dumoulin? Nullement. Et d'abord
la loi 45 pr., Dig. de *act. empti* supposant l'hypothèse inverse à celle dont argumente ce jurisconsulte, celle où l'esclave a diminué de valeur
depuis la vente, donne cette décision : « Sicut
« minuitur præstatio, si servus deterior apud
« emptorem effectus sit, cum evincitur. » En
vain, Dumoulin objecte-t-il que ce texte laisse en
dehors de ses termes la restitution du prix, qu'il
ne concerne uniquement que les dommages-
intérêts; cette objection ne saurait nous arrêter,
car elle repose sur une interprétation forcée; le
seul sens naturel que présente notre loi, rapprochée de la loi 45, *in fine, de act. empti* est celui-
ci : de même que l'acheteur évincé pourra exiger

du vendeur une indemnité supérieure au prix, si
la chose vaut plus au jour de l'éviction qu'au jour
de la vente ; de même il ne pourra obtenir qu'une
somme inférieure au prix, si la valeur de la chose
est moindre au jour de l'éviction qu'au jour de la
vente. Tel nous semble être encore le sens de la
loi 70, Dig. *de evict.* : « Evictâ re, ex empto
« actio non ad pretium dumtaxat recipien-
« dum, sed ad id quod interest competit. Ergo
« et si minor esse cœpit, damnum emptoris est. »
Cette loi ne signifie-t-elle pas que ce que le vendeur
doit à l'acheteur, ce n'est pas le prix, c'est l'estimation du préjudice que lui a causé l'éviction,
c'est l'estimation de l'intérêt qu'avait l'acheteur à
n'être pas évincé ; et que, par suite, si la chose
vaut moins au moment de l'éviction qu'au
moment de la vente, la perte sera pour l'acheteur,
en ce sens que le vendeur s'acquittera envers
lui en lui donnant l'équivalent de la valeur actuelle de la chose? Mais, oppose Dumoulin (1), les
termes *damnum emptoris est* ne se réfèrent pas
à ceux-ci *pretium recipiendum*, le prix devant
être toujours restitué en entier à l'acheteur en cas
d'éviction ; ils se réfèrent seulement à ceux-ci *id
quod interest*; car de même que ce *id quod inte
rest emptoris* augmente à mesure que la chose
augmente en valeur, il diminue et se réduit à rien

(1) Dumoulin, Tract. de eo quod interest, n° 147.

lorsque la chose diminue de valeur; et c'est ainsi que « si res minor esse cœpit damnum emptoris « est » — Que devient alors le principe établi, dans la première partie de notre loi, savoir que, s'il y a éviction, l'action *ex empto* compète à l'acheteur non pour réclamer la restitution du prix, mais pour réclamer *id quod interest?* Où est, d'ailleurs, dans l'opinion de Dumoulin, le *damnum* supporté par l'acheteur, puisqu'il a toujours droit au moins à la restitution de son prix? Nous pourrions multiplier les citations à l'appui de notre doctrine, nous nous bornerons à ajouter aux lois auxquelles nous avons eu recours la loi 23, Code de Evictionibus : « Quod sive præsentibus his « fundus, quem emisti, sive absentibus postea, « quanti tua interest rem evictam non esse, teneri, « non quantum pretii nomine dedisti, si aliud non « placuit, publice notum est. » N'est-ce pas la condamnation la plus formelle du système de Dumoulin ? Ce texte gênait beaucoup Pothier ; aussi que fait-il? Sans autre nécessité que le soin de défendre la cause qu'il a embrassée, il n'éprouve aucune hésitation à intercaler entre les mots *non* et *quantum*, ce petit mot *solum* (1); dès lors, au lieu d'entraîner la ruine de l'édifice élevé au prix de tant d'efforts, notre loi vient encore le consolider! Une telle correction apportée à une leçon qui ne

(1) Pothier, Vente, n° 69.

présente aucune obscurité, démontre mieux que tous les raisonnements le vice fondamental du système que nous avons combattu.

Quant aux textes sur lesquels se fonde cette théorie, ils ne sont rien moins que décisifs, car ils ont en vue les cas où l'intérêt que pouvait avoir l'acheteur à conserver la chose est supérieur ou égal au prix. Ce qu'il faudrait rencontrer pour justifier Dumoulin, se serait une disposition accordant à l'acheteur le droit à la restitution du prix bien que la valeur de la chose au temps de l'éviction fût au-dessous du prix de vente. Cette disposition, nous ne croyons pas qu'elle existe. Loin de là, ce que nous trouvons constamment mentionné dans les fragments soit du Digeste, soit du Code, c'est l'appréciation du *quanti emptoris interest* (1). Ce n'est qu'en détournant ces fragments de leur acception naturelle que l'on peut les plier à la théorie créée par Dumoulin.

Ainsi, tout ce que peut obtenir l'acheteur par l'action *ex empto*, c'est l'estimation du dommage que lui a causé l'éviction, et du gain dont cet événement l'a privé, c'est, en d'autres termes le prix de la chose, non pas le prix qu'il a payé, mais le prix qu'il eût pu en retirer, s'il l'eût vendue à un autre. De là résulte cette règle : L'estimation de-

(1) Dig. l. 1, 66, § 3, l. 70, de Evict.; l. 1 pr. l. 45, pr. de Act. empti; Code, l. 17, 21, 23, 29, de Evict.; Fragmenta vaticana, § 17.

vra se faire d'après la valeur de la chose au jour de l'éviction, non au jour de la vente. Il s'ensuit que : 1° si depuis la vente la chose n'a augmenté ni diminué de valeur, le prix doit en être restitué à l'acheteur (1); 2° si, au jour de l'éviction, la chose se trouve valoir plus qu'au jour de la vente, c'est de la valeur à l'époque de l'éviction que le vendeur sera comptable; l'acheteur perd cette valeur par l'éviction, or sa condition ne doit pas être rendue plus mauvaise par suite d'un événement dont le vendeur doit le garantir (2): 3° si la chose est diminuée ou détériorée ou bien a subi une dépréciation, l'acheteur ne pourra recouvrer que la valeur actuelle; le préjudice provenant de la diminution de valeur était à sa charge antérieurement à l'éviction, ce n'est donc pas cet événement qui le lui a fait éprouver, pourquoi le vendeur en serait-il rendu responsable? (3)

Lorsque la chose a augmenté de valeur, il faut tenir compte dans le calcul de l'indemnité due par le vendeur, non seulement de la chose en elle-même, mais encore de toutes les acquisitions dont elle a pu être la cause pour l'acheteur, comme l'alluvion, l'usufruit qui a fait retour à la nue propriété, l'hérédité à laquelle l'esclave

(1) Dig. l. 60, de Evict.
(2) Dig. l. 13, in fine, de Acte empti, l. 1 pr. ibid.
(3) Dig. l. 66, § 3, l. 70, de Evict.; l. 13 pr. de Act. empti.

vendu a fait adition *jussu emptoris* (1), les fruits restitués au revendiquant, c'est-à-dire dans le droit classique les fruits perçus depuis *la litis contestatio*, et dans le droit de Justinien les fruits non consommés.

Alors même que la plus-value aurait été créée par le fait de l'acheteur, elle devra être prise en considération dans l'appréciation des dommages-intérêts. Que l'acheteur ait fait des plantations, élevé des constructions sur le fonds vendu, qu'il ait procuré à l'esclave des talents particuliers, dans tous ces cas le vendeur est tenu de rembourser au premier le montant de ses impenses (2). Toutefois, rappelons-nous que l'acheteur ne peut rien exiger de plus que ce qui lui manque parce qu'il a été évincé; le vendeur sera donc seulement obligé de lui faire raison de l'augmentation de valeur que ses impenses ont donnée à la chose. D'où cette conséquence que si la plus-value est inférieure aux dépenses qui l'ont produite, le vendeur s'acquittera envers l'acheteur en lui payant le montant de cette plus-value; la perte résultant de l'excédant de la dépense sur l'augmentation de valeur était déjà à la charge de l'acheteur antérieurement à l'éviction; ce n'est ni l'éviction qui est la cause de

(1) Dig. l. 8, l. 16 pr. de Evict.; l. 82, § 4, de Legatis, 1°.
(2) Code, l. 29, de Evict.

cette perte, ni même le contrat de vente, elle n'a d'autre cause que la faute de l'acheteur qui a fait une folle dépense, c'est lui seul qui doit en souffrir. Que si la plus-value créée par l'acheteur est supérieure à la somme par lui dépensée, le vendeur en est comptable en principe. Mais cette décision reçoit un tempérament : lorsque l'augmentation de valeur est immense, l'acheteur évincé ne peut prétendre contre le vendeur qui lui a vendu la chose de bonne foi à une somme plus grande que celle à laquelle celui-ci pouvait s'attendre lors du contrat, c'est-à-dire qu'il ne peut rien réclamer au-delà du double du prix de vente. C'est ce que nous disent Paul, l. 43 *in fine* Dig. *de Act. empto* : « Plane, si in « tantum pretium excedisse proponas, ut non sit « cogitatum a venditore de tanta summa : ve- « luti si ponas agitatorem postea factum, vel « pantomimum, evictum esse cum qui minimo « veniit pretio, iniquum videtur, in magnam « quantitatem obligari venditorem ; » et Africain, l. 44 Dig. *eod. tit.* « Cum et forte idem medio- « crium facultatium sit, non ultra duplum peri- « culum subire cum oportet » Ce tempérament est, du reste, applicable au vendeur de bonne foi seulement ; le vendeur de mauvaise foi est tenu de toute la plus-value quelque considérable qu'elle soit (1).

(1) Dig. l. 13, § 1, in fine, de Act. empti.

La plus-value résultant des impenses faites par l'acheteur ne lui sera, d'ailleurs, remboursée par le vendeur qu'autant qu'il n'aura pas déjà été indemnisé par l'auteur de l'éviction. Or l'acheteur en face du propriétaire a droit seulement au montant de ses impenses si l'augmentation de valeur leur est supérieure, ou au montant de la plus-value dans l'hypothèse inverse. De plus, il est des cas où nulle indemnité n'est due à l'acheteur par le revendiquant, tel est celui où les améliorations effectuées par le premier ont été compensées avec les jouissances (1). Dans toutes ces circonstances, le vendeur viendra soit compléter seulement, soit acquitter pour le tout, dans les limites de la plus-value bien entendu, les dommages-intérêts auxquels peut avoir droit l'acheteur. Peut-être faudrait-il admettre une exception à cette règle quant aux améliorations faites par l'acheteur depuis qu'il a su que la chose appartenait à autrui : il a commis une imprudence, pourrait-on dire, en faisant des dépenses pour une chose qu'il devait s'attendre à se voir enlever, c'est à lui d'en supporter les conséquences. Le silence des textes sur ce point ne nous permet pas de nous prononcer.

Si l'acheteur a restitué la chose au revendiquant, sans se faire préalablement indemniser, tout re-

(1) Code, l. 9, de Evict.

cours contre son vendeur lui est fermé. Il ne peut, en effet, imputer qu'à lui-même le préjudice qu'il souffre; il pouvait l'éviter, pourquoi s'en est-il imprudemment rapporté à la foi de son adversaire (1). Pour que l'acheteur puisse se retourner contre son garant, il faut qu'il lui ait été impossible d'opposer l'exception de dol à la revendication dirigée contre lui. Cette impossibilité se rencontrera dans les cas que nous avons signalés en indiquant les effets généraux de la revendication (2) et dans l'hypothèse où l'acheteur a succombé comme défendeur à la *liberalis causa* intentée contre lui par l'esclave qui lui avait été vendu (3). Il en sera de même toutes les fois que l'acheteur ayant perdu la possession se trouve réduit au rôle de demandeur dans la revendication (4). Mais la fin de non recevoir tirée du fait que l'acheteur n'a pas opposé l'exception de dol à l'auteur de l'éviction ne saurait être invoquée par le vendeur de mauvaise foi (5).

Quand, au lieu d'avoir amélioré la chose, l'acheteur l'a dégradée, il est ou non responsable envers le revendiquant, suivant que la dégrada-

---

(1) Dig. l. 15, § 1er, de Act empti.
(2) Dig. l. 38, l. 27, in fine, de rei vind.
(3) Dig. l. 15, § 1er, de Act. empti.
(4) Id.   ibid.
(5) Id.   ibid.

tion s'est produite alors qu'il était de bonne ou de mauvaise foi. Au premier cas, il n'a rien à réclamer au vendeur, au second cas, le plus souvent il n'aura aucun recours de ce chef, car les dégradations qu'il a apportées à une chose qu'il savait pouvoir lui être enlevée n'auront eu d'autre but que de nuire au vendeur, o), « malitiis non est in- « dulgendum. »

Tels sont les effets de l'obligation de garantie lorsque l'acheteur a restitué la chose. Le vendeur ne pourrait se soustraire à ces conséquences de l'obligation qu'il a contractée en offrant à l'acheteur la chose dont il a été évincé : il doit le rendre complétement indemne (1). — Si l'acheteur a conservé la possession moyennant une somme d'argent payée au réclamant, toutes ces règles, on le conçoit, ne peuvent plus recevoir application. — Il est même une hypothèse à laquelle elles sont inapplicables, bien que l'acheteur ait été privé de la chose. En effet, dans la vente forcée qui est le résultat du *prætiorum pignus*, le recours de l'acheteur contre le débiteur, véritable vendeur, est limité au prix qu'il a payé et aux intérêts de ce prix, c'est-à-dire au profit que l'acheteur a procuré au débiteur en le libérant. « Si « jussu judicis rei judicatæ pignus captum per « officium distrahatur, post evincatur, ex empto

____

(1) Dig. l. 67, de Evict.; l 15, de dol. mal. et met. except.

« contra eum, qui pretio liberatus est, non quanti
« interest, de pretio dumtaxat, ejusque usuris,
« habita ratione fructuum dabitur ; scilicet si hos
« ei cui evicit restituere non habebat necesse (1). »

Jusqu'alors nous avons parlé d'une éviction
totale, il est possible que l'éviction n'ait pas un
résultat aussi complet, que l'acheteur subisse
seulement une éviction partielle, cette éviction
suffirait pour donner lieu à garantie. Il n'y a pas
intérêt ici à distinguer, comme lorsqu'il s'agit de
l'action *ex stipulatu duplæ*, si l'éviction est d'une
partie divise de la chose, comme de tel champ
appartenant à tel domaine, ou d'une partie indivise, par exemple du tiers, du quart du fonds
vendu. Dans l'un et l'autre cas, en effet, l'indemnité due à l'acheteur se règle d'après la valeur au
jour de l'éviction de la partie dont il a été évincé.
Seulement lorsque l'éviction porte sur une *pars
pro diviso* la fixation de cette indemnité s'établit
immédiatement, par la détermination de la valeur
de la partie évincée ; lorsque l'éviction est d'une
pa s pro indiviso, il faut d'abord rechercher quelle
est la valeur de la chose, et attribuer ensuite à
l'acheteur une quote-part du résultat de cette estimation.

Non seulement l'éviction d'une partie divise ou

(1) Dig. l. 71 pr. de Evict.

indivise de la chose vendue, mais encore l'éviction de ce qui est resté de la chose après son extinction, ou de ce qui en est provenu donne ouverture à l'action *ex empto*. En voici la raison : l'obligation du vendeur est de faire avoir à l'acheteur la chose vendue, cette obligation renferme celle de faire avoir tout ce qui pourra rester de la chose, tout ce qui en proviendra (1).

Supposons que l'acheteur se trouve contraint de supporter l'exercice de certaines charges sur le fonds vendu, y aura-t-il là une éviction partielle? Ici les lois romaines font une distinction. Les charges prétendues sur le fonds peuvent être ou réelles ou personnelles : personnelles, si elles ont pour objet l'avantage d'une personne, elles prennent alors les noms d'usufruit, d'usage ; réelles, si elles ont pour objet l'avantage d'un fonds, abstraction faite du propriétaire, elles prennent alors le nom de servitudes prédiales, « jura prædiorum. » Or selon que la servitude est personnelle ou réelle, les lois romaines reconnaissent ou non dans son exercice une éviction partielle. Un tiers parvient-il à prouver à son profit l'existence d'un droit d'usufruit, d'usage sur la chose, l'acheteur privé de la jouissance, de l'usage, aura, conformément aux principes généraux que nous avons exposés,

______

(1) Dig. l. 36, l. 12, 13, de Evict. ; l. 23. de l'usurp. et usucap.

recours en garantie contre le vendeur (1); car
l'usufruit, l'usage sont sous certains rapports et
notamment en ce qui concerne notre matière,
considérés comme une *pars dominii*.. « Usu-
fructus in multis casibus pars dominii est (2). »

Au contraire, l'acheteur est-il tenu de souffrir
sur le fonds vendu l'exercice d'une servitude pré-
diale, l'action « ex empto » lui est refusée. Le
vendeur doit seulement faire avoir le fonds tel
qu'il se trouve et comporte, il n'est pas obligé
de le faire avoir libre (3). Or l'obligation de garantie n'étant que la continuation, ou plutôt la
sanction de l'obligation de « præstare emptori
« rem habere licere, » il s'ensuit que le vendeur
n'est pas garant des servitudes qui peuvent se
révéler postérieurement à la vente (4). D'où vient
cette différence entre les servitudes prédiales et
les servitudes personnelles ? Les servitudes prédiales ne sont, en réalité, qu'une qualité du fonds,
bonne ou mauvaise, suivant qu'elles sont établies
au profit du fonds ou à sa charge; le vendeur ne
garantit les mauvaises qualités, les vices de la
chose qu'autant qu'ils sont d'une telle gravité
qu'ils mettent obstacle à que l'acheteur puisse

(1) Dig. l. 13, 16, 19, de Evict.; l. 38, §,3, de Verb. oblig.
(2) Dig. l. 4, de Usufructu et quemadm. quis utatur.
(3) Dig. l. 59, l. 66, de Contrah. empt.
(4) Dig. l. 75, de Evict.

retirer de la chose l'usage auquel elle est destinée.
Or les servitudes prédiales ne diminuent en rien
l'usage ou la servitude du fonds : le voisin qui
exerce une telle jouissance ne prive pas l'acheteur,
comme le fait l'usufruitier, d'une partie de l'émolument du fonds ; s'il a, par exemple, le droit
d *ire agere*, l'acheteur ne l'a pas moins ; on comprend donc que le vendeur ne soit pas tenu alors
de la garantie.

Cependant la bonne foi demande que le vendeur
déclare à l'acheteur les charges qu'il a pu ou dû
connaître ; s'il les dissimule, il commet un dol
qui l'oblige aux dommages-intérêts envers l'acheteur (1) : « Omnia enim, quæ contra bonam fidem
« fiunt veniunt in empti actionem. » Mais si
l'acheteur a su ou pu savoir que le fonds était
grevé d'une servitude, il ne peut se plaindre : il
a voulu prendre le fonds tel qu'il était : « Hæc
« ita vera sunt, si emptor ignoravit servitutes,
« quia non videtur esse celatus qui scit, neque
« certiorari debuit, qui non ignoravit (2).

Il en est de même quant aux servitudes actives, c'est-à-dire celles qui existent au profit du
fonds vendu sur un fonds voisin (3). Le vendeur
est seulement tenu de son dol lorsqu'il ne les a

(1) Dig. l. 1, § 1er, de Act. empti.
(2) Id. ibid.; Cicer. de Off. lib. 3, 17.
(3) Dig. l. 66, de Contr, empti l. 75, de Evict.

pas déclarées à l'acheteur, qui, ne les connaissant pas, les a laissées s'éteindre par le non usage (1).

DEUXIÈME PARTIE.

Garantie de fait.

Nous avons indiqué les conditions d'exercice et les effets de l'obligation de garantie dans le cas où les parties n'ont fait aucune convention relativement à la garantie. Ces conditions, ces effets peuvent être modifiés, soit en vue de rendre plus rigoureuse l'obligation du vendeur, soit en vue de la restreindre. Les parties peuvent même convenir qu'il ne sera pas dû de garantie. Dans ces diverses hypothèses, leur volonté fera la loi du contrat (2).

En premier lieu, l'obligation du vendeur peut être rendue plus rigoureuse. Ainsi, en droit commun, l'acheteur ne peut agir en dommages-intérêts contre le vendeur qu'autant qu'il est évincé ; eh bien ! il peut par une convention formelle s'assurer recours en garantie pour le cas où il découvrirait que le vendeur ne l'a pas rendu propriétaire (3). C'est notamment ce qui arriverait si l'acheteur avait stipulé que le ven-

(1) Dig. ibid. §1.
(2) Dig. l. 23, de Regulis Juris.
(3) Code l. 12, de Evict.

deur lui transférât la propriété, avait fait la *stipulatio dandi* ; le vendeur se trouvant obligé à *dare*, il en résulte que l'acheteur peut agir dès là qu'il reconnaît qu'il n'est pas devenu propriétaire.

De même, en droit commun, le vendeur ne doit pas garantie à l'acheteur de mauvaise foi ; un pacte ajouté au contrat peut permettre à l'acheteur d'invoquer alors les règles de la garantie (1). Cette solution semble être contredite par la loi 3, § 4, Cod. *Com de legatis*, qui, supposant qu'un héritier a vendu *pendente conditione* une chose héréditaire léguée sous condition, déclare que l'acheteur, évincé par le légataire à l'événement de la condition, ne pourra exiger du vendeur que son prix, bien qu'il ait stipulé le double. Mais, remarquons que Justinien, duquel émane cette constitution, a commencé par établir que la vente faite par l'héritier est non avenue, lorsque la condition sous laquelle la chose avait été léguée vient à s'accomplir (2) ; la vente étant résolue, il n'y a pas à s'étonner de voir demeurer sans effet les obligations qui en découlaient. Dans notre hypothèse, au contraire, la vente est parfaitement valable ; il n'y a donc pas analogie. La décision de la loi 3, § 4, Cod. *Com. de legatis* est toute spéciale au cas qu'elle prescrit.

Enfin, le vendeur de bonne foi n'est pas tenu à

(1) Code l. 27, de Evict., l. 7, Com. utriusque judicii.
(2) Code, l. 3, § 3, Com. de leg.

raison des servitudes passives qui peuvent grever le fonds vendu, ou des servitudes actives qu'il croyait attachées à ce fonds. Il peut encore s'obliger à en garantir l'acheteur. Cette obligation se produit, quant aux servitudes passives, lorsqu'il a déclaré vendre le fonds libre de toutes charges, lorsqu'il s'est engagé à le faire avoir « uti optimus maximusque est (1). » Seulement l'acheteur n'a pas droit alors à des dommages-intérêts ; il peut simplement exiger une indemnité égale à la diminution de prix qu'il eût fait supporter au vendeur, s'il eût connu l'existence de la servitude ; il y a lieu uniquement à l'action *quanto minoris* (2). Quant aux servitudes actives, la garantie en est due lorsque le vendeur a déclaré formellement que telle servitude existe sur tel fonds à l'avantage du fonds vendu (3).

En second lieu, les parties peuvent restreindre l'obligation du vendeur au moyen de clauses particulières. Ces clauses peuvent être plus ou moins étendues ; quelquefois le vendeur convient généralement qu'il ne devra pas de garantie, « neve evictionis nomine quid præstaret, nihil « evictionis nomine præstatum iri ; » quelquefois,

(1) Dig. l. 75, de Evict.

(2) Dig. l. 61, de ædil. edicto ; *sic* Doneau, Com. Jur. civil. de Evict. cap. 7.

(3) Dig. l. 75, de Evict.

au contraire, il n'exclut qu'une seule espèce d'éviction.

Voyons d'abord ce qui concerne les clauses générales de non garantie. Une règle toute d'équité domine cette matière : la clause générale de non garantie n'est d'aucune utilité pour le vendeur qui sciemment vendrait la chose d'autrui, une chose hypothéquée ou affectée de toute autre cause d'éviction. Alors, par son silence, il a trompé l'acheteur : or il ne peut par quelque convention que ce soit se soustraire aux conséquences du dol dont il se rend coupable (1). C'est ainsi que le vendeur qui, connaissant l'existence d'une servitude sur le fonds vendu, ne l'a pas déclarée à l'acheteur, reste soumis à l'action *ex empto propter dolum*, nonobstant toute convention générale, telle que celles-ci : « quo jure, qua-
« que conditione prædia Lucii Titii hodie sunt,
« ita veneunt itaque habebuntur ; servitutes si
« quæ debentur debebuntur (2); itinera, actus
« quibus sunt, utique sunt, recte recipitur (3). »
« Si venditor, dit Cujas (4), si cum sciret fundum
« quem vendebat debere vicino servitutem ali-
« quam id reticuerit, et ut verbis rem infuscaret,

(1) Dig. l. 11, § 18, in fine, de Act. empti.
(2) Dig. l. 39, de Act. empti.
(3) Dig. l. 69, § 5, de Evict.
(4) Cujas, recit. solen. ad. l. 39, de Act. empti.

« et quoquo modo si fieri posset, sese obligatione
« exueret, perfusorie et generaliter ita vendendo
« dixit, si quæ debentur, debebuntur, et nihil
« dixit de ea quam sciebat deberi, hic sermo
« generalis captiosus est, nec venditorem ex-
« cusat. »

Quelle est l'effet de la convention générale de
non garantie? A cet égard, les jurisconsultes romains établissent cette distinction : ou les parties
ont voulu faire une vente ordinaire, ou elles ont
voulu faire une vente aléatoire. Ont-elles voulu
faire une vente ordinaire, l'unique effet de la
convention de non garantie est de décharger le
vendeur de l'obligation aux dommages-intérêts
qui pourraient s'élever au-delà du prix ; mais cette
convention ne le dispense pas de rendre le prix :
« neque enim, dit Julien (1), bonæ fidei contrac-
« tus hanc patitur conventionem, ut emptor rem
« amitteret, et pretium venditor retineret. »
Certains commentateurs (V. Pothier, *ad Pandectas, de act. empti*) entendent, il est vrai, la loi 11,
§ 18 *in fine*, Dig. « de act. empti, » comme si au
lieu de « sed in suprascriptis conventionibus,
« contra erit dicendum. nisi forte sciens, » elle
portait « contra erit dicendum, si forte sciens. »
Il en résulterait que l'annotateur de Julien regar-

(1) Dig. l. 11, § 18, de Act. empti.

derait toujours la vente comme aléatoire, et qu'il n'accorderait de recours à l'acheteur que contre le vendeur de mauvaise foi. Nous préférons prendre le texte tel qu'il est et ne pas y apporter une correction qui ne nous semble nullement justifiée. — L'intention des parties a-t-elle été de faire une vente aléatoire, la clause de non garantie reçoit son plein et entier effet; le vendeur n'est pas même obligé de restituer le prix : car le prix alors n'est pas la représentation de la chose, mais la représentation de la prétention plus ou moins fondée que le vendeur pouvait avoir sur la chose.

Ces conventions peuvent se présenter sous la forme d'un pacte; quelquefois cependant elles se présentent sous la forme d'une stipulation. Nous pouvons citer comme exemple la promesse faite par le vendeur sur la stipulation de l'acheteur en ces termes : « Per se venientesque a se personas « non fieri, quominus habere liceat. » Par cette promesse, le vendeur s'engage seulement à garantir l'éviction provenant de son fait ou du fait de son héritier, ce qui revient à dire qu'il ne répond pas de l'éviction provenant du fait d'un tiers. Il en serait autrement s'il avait promis en termes généraux « habere licere emptori, » ou « per omnes non fieri, » etc.: il contracterait par là l'obligation de faire en sorte que personne n'évinçât l'acheteur (1), il serait donc obligé à la garantie quel que fût l'auteur de l'éviction.

Lorsqu'au lieu de recourir à une convention générale de non garantie, le vendeur se borne à exclure une espèce déterminée d'éviction, ce qui résulte le plus souvent de la déclaration faite à l'acheteur de la cause d'éviction, il reste soumis sous tous autres rapports à l'action *ex empto*. Et encore pour qu'une telle convention puisse lui être de quelque utilité, faut-il qu'il soit de bonne foi, qu'il n'ait aucun dol à se reprocher. Ainsi, a-t-il connu la condition sous laquelle la liberté était léguée à l'esclave qu'il a vendu, et s'est-il borné à déclarer à l'acheteur que cet esclave est *statuliber*, cette déclaration ne le dispensera pas de garantir son ayant cause lorsque l'esclave, par l'événement de la condition, arrivera à la liberté (2), car il a commis un dol en célant la condition mise à l'affranchissement. Il en serait de même, en principe, de toute déclaration mensongère (3) ; mais l'application de cette règle demande un tempérament ; il faut que le mensonge du vendeur ait préjudicié à l'acheteur, sinon celui-ci ne peut se plaindre. Quelques exemples justifieront ces diverses propositions Je vous

(1) Dig. l. 11, § 18, de Act. emp.; l. 83, § 1, de Verb. oblig.
(2) Dig. l. 69, § 5, de Evict.
(3) Dig. l. 39, § 5, l. 16 pr. de Evict.

vends un esclave en vous avertissant que cet esclave est *statuliber*, qu'il est affranchi sous la
condition « si navis ex Asia venerit, » il est, au
contraire, affranchi sous celle-ci « si Titius consul
fuerit ; » le retour du navire s'accomplit avant
que Titius ne parvienne au consulat, avant que
l'esclave ne devienne libre, serai-je tenu de la
garantie ? Non, répond Africain : car l'acheteur
garde l'esclave plus longtemps qu'il ne pouvait le
croire, puisqu'il le conserve jusqu'à l'accomplissement de la véritable condition, il n'a donc pas
lieu de se plaindre (1). De même, le vendeur déclare que l'esclave est affranchi sous la condition
de donner cinq à l'héritier, tandis que la condition sous laquelle la liberté lui a été léguée est de
donner dix : l'esclave accomplit la condition,
donne dix à l'acheteur et acquiert ainsi la liberté,
le vendeur n'est pas tenu de l'éviction, parce que
l'acheteur n'éprouve aucune perte : loin de là, il
recueille même plus qu'il ne l'avait prévu (2).
Mais si le vendeur avait dit que l'esclave devait
donner vingt, tandis qu'il ne devait donner que
dix, l'action *ex empto* serait ouverte à l'acheteur,
car il a été déçu, il espérait ou obtenir un plus
grand profit ou conserver l'esclave plus longtemps

(1) Dig. l. 46, § 2 et 3, de Evict.
(2) Dig. ibid. *in fine.*

par suite de la difficulté que ce dernier rencontrerait dans l'exécution de cette prestation (1).

Quel est l'effet de la convention de non garantie qui résulte de la déclaration faite par le vendeur de la cause d'éviction ? Tous les interprètes
reconnaissent unanimement que l'acheteur averti
des chances qu'il courait n'est pas fondé à réclamer des dommages-intérêts en cas d'éviction ;
mais peut-il du moins exiger la restitution du
prix ? Sur ce point il y a controverse. Dans une
première opinion qui a pour elle l'autorité de
Cujas, on soutient que la simple connaissance du
danger de l'éviction n'est pas suffisante pour
refuser à l'acheteur le droit de répéter le prix
qu'il a payé: il serait inique, dit-on, que le vendeur pût s'enrichir au détriment de l'acheteur, ce
qui arriverait s'il ne lui rendait pas le prix. On
argumente en ce sens de la loi 1 Code *si vendito
pignore agatur*, qui, raisonnant dans l'hypothèse
où le créancier aurait vendu frauduleusement la
chose affectée à la sûreté de sa créance, et où l'action accordée au débiteur contre ce créancier
serait insuffisante, ouvre au débiteur un recours
subsidiaire contre l'acheteur de mauvaise foi, mais
à cette condition, « offerente te pecuniam cum
« usuris, quanti fundus venit, restituere tibi fun-

(1) Dig. 1. 69, § 3, l. 51, § 1, de Evict.

« dum cum fructibus malæ fidei emptorem jube-
« bit. » On tire encore argument de la loi 3, § 4,
C. *Com. de legatis* d'après laquelle l'acheteur,
qui a su que la chose était grevée d'un fidéicommis peut cependant réclamer la restitution de
son prix. La loi 27 au Code *de evictionibus,*
ajoute-t-on, semble au premier aperçu contredire
cette doctrine, car elle suppose que l'acheteur a
acheté en connaissance de cause la chose d'autrui
ou une chose hypothéquée, et elle porte : « Quod
« eo nomine dedit, contra juris poscit rationem.»
Mais, fait-on observer, ces mots *quod eo nomine
dedit* n'ont pas trait à la restitution du prix, ils
ont trait à ce que l'acheteur a déboursé par suite
de l'éviction; or le prix n'a pas été payé par
l'acheteur à raison de l'éviction, mais *intuitu
emptionis* ; quels sont les déboursés occasionnés
à l'acheteur par l'éviction ? la somme qu'il a été
obligé de donner au demandeur originaire pour
rester en possession. La dernière partie de la loi
27 « Nam et si ignorans,..... » montre bien,
d'ailleurs, que tel est le sens qu'il faut attribuer à
la première, car dans ce dernier cas, il n'eût pas
été besoin que les empereurs Dioclétien et Maximien déclarassent que le prix doit être restitué,
cela n'était pas susceptible de doute (1).

(1) Cujas ad l. 27, Code ; Voët, ad Pendactas, de Evict. n° 32.

Dans une seconde opinion, à laquelle nous nous rattachons, on refuse à l'acheteur le droit à la restitution du prix. S'il a acheté, quoique sachant qu'il pouvait être évincé, c'est qu'il a voulu courir les chances bonnes ou mauvaises qui pouvaient se réaliser en sa faveur ou contre lui; c'est qu'il a voulu acheter une *alea*; or, nous avons vu que dans la vente aléatoire, le prix ne doit pas être restitué à l'acheteur. Nous pouvons invoquer en notre faveur la loi 7, C. Com. com. utriusque judicii, qui dénie dans les termes les plus généraux tout recours à l'héritier évincé par l'effet d'hypothèques constituées pendant l'indivision par ses cohéritiers, lorsqu'il a eu connaissance de ces hypothèques avant le partage ; « Si fundi scientes obligationem, dominium « suscepistis, tantum evictionis promissionem, « solennitate verborum, vel pacto promissam « probantes, eos conveniendi facultatem habe- « bitis. » Ainsi, non seulement ce cohéritier ne pourra réclamer l'augmentation de valeur survenue au fonds depuis le partage, mais il ne pourra même réclamer la valeur du fonds au jour du partage, « eos conveniendi facultatem « non habebitis. » L'analogie qui existe entre l'action *ex empto* et l'action *præscriptis verbis* nous permet de conclure que la loi 27, Code *de evict.* entend bien parler de la restitution du prix, comme semblent, d'ailleurs, l'impliquer les mots *hoc reddi* qui emportent avec eux l'idée d'une restitution à faire par le vendeur ; or, cette restitution ne peut se concevoir qu'à l'égard du prix qu'il a reçu. La loi 3, § 4, C. *Com. de leg.* ne peut nous être opposée ; car, dans l'hypothèse qu'elle prévoit, la vente est annulée, non avenue (v. § 3 de cette loi) ; le prix se trouve donc sans cause entre les mains du vendeur, et l'acheteur peut le répéter par la *condictio sine causa.* Il est si vrai que la vente est alors regardée comme non avenue que, nonobstant toute convention contraire, l'acheteur n'aurait jamais droit qu'à la restitution du prix. Au contraire, dans notre espèce, il s'agit d'une vente parfaitement valable, tellement que l'acheteur pourrait, par une convention formelle, s'assurer un recours contre son garant. En vain, on nous objecte aussi la loi 1 C. « si vendito pignore agatur ; » elle ne s'occupe pas de régler les rapports du vendeur à l'acheteur ; dans la vente du gage, le vendeur est le créancier et non le débiteur ; elle concerne uniquement les rapports de l'acheteur et du débiteur libéré par le payement du créancier.

Nous croyons la même solution applicable au cas où l'acheteur a eu connaissance de la cause d'éviction, indépendamment de toute déclaration du vendeur, « qui scit certiorari non debuit ; » la loi **27**, **C.** *de evictionibus* ne fait, au reste, aucune distinction : l'acheteur a-t-il su? voilà tout ce qu'elle recherche. Ce serait au vendeur à prouver que l'acheteur est de mauvaise foi; mais il ne pourrait tirer cette preuve de la circonstance que l'acheteur a fait une convention relative à la garantie (1).

Les conventions, par lesquelles les parties dérogent au droit commun, peuvent avoir pour objet de fixer à l'avance les dommages-intérêts pour le cas où ils seraient dus. Par là, les parties évitent les chances et les difficultés d'une appréciation judiciaire. Cette fixation des dommages-intérêts peut avoir lieu dans un pacte; c'est alors par l'action *ex empto* que l'acheteur poursuivra la prestation de l'indemnité qui lui a été promise. Elle peut aussi avoir lieu dans une stipulation; nous arrivons ainsi à la plus remarquable des clauses modificatives de la garantie de droit, la stipulation du double.

Il était d'usage que l'acheteur stipulât du vendeur, pour le cas où il serait évincé, la restitution d'une certaine somme, ordinairement le double du prix. C'était ce qu'on nommait la *cautio* ou *stipulatio duplæ*. Cette stipulation était même tellement entrée dans les mœurs que

(1) C. l. 30, de Evict.

le vendeur était regardé comme obligé en vertu du contrat, de faire cette promesse à l'acheteur, du moins quant à la vente des choses précieuses et des esclaves (1) : l'acheteur pouvait donc agir *ex empto* pour que le vendeur lui fît promesse du double (2). —Suffisait-il de la simple réponse du vendeur à la stipulation de l'acheteur, ou fallait-il de plus que le vendeur fournît à l'acheteur des fidéjusseurs, une *satisdatio*? La loi 37 pr. *de evictionibus* décide qu'il n'est besoin que d'une *promissio*, et qu'une *satisdatio* n'est nécessaire qu'autant que les parties en sont formellement convenues. — Quoique cette stipulation eût reçu le nom de stipulation du double, il était libre aux contractants de stipuler, au lieu du double, soit le simple, soit le triple, soit le quadruple, mais pas au-delà (3). La *fisc* cependant ne promet que le simple (4).

Lorsque la stipulation du double est intervenue, l'acheteur évincé a la faculté d'intenter la *condictio certi* contre le vendeur, mais il ne perd pas pour cela le droit d'intenter l'action *ex empto*. Deux actions le protégent alors. A son choix, il recourt à l'une ou à l'autre selon que

(1) Dig. l. 37, § 1er, de Evict.
(2) Dig. l. 31, § 20, de ædil. edicta.
(3) Dig. l. 56, pr. de Evict.
(4) Dig. l. 5, de Jure fidei.

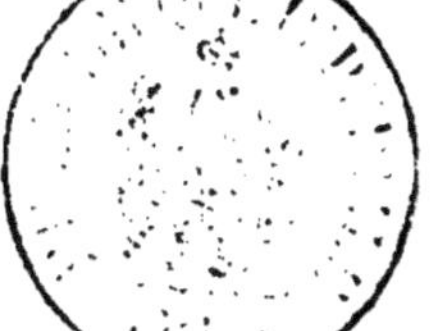

son intérêt le demande. Il se peut, en effet, que l'action *ex empto* lui soit ouverte dans des hypo-thèses où la *condictio certi* lui serait refusée. Il peut même avoir intérêt, à un autre point de vue, à agir soit par la *condictio certi*, soit par l'action *ex empto*. Rappelons-nous que dans l'action *ex empto*, le juge ayant à apprécier l'in-térêt qu'avait l'acheteur à conserver la chose, doit se placer, pour faire cette appréciation, au moment de l'éviction. Dans l'action *ex stipulatu*, il est uniquement question de rechercher quelle est la somme déduite dans la stipulation, d'où il suit que le juge doit nécessairement se reporter au moment de la vente. Or l'acheteur aura évi-demment intérêt à se servir de l'action *ex empto* lorsque la chose aura au jour de l'éviction atteint une valeur plus considérable que la somme pro-mise, de l'action *ex stipulatu*, lorsque la chose vaudra moins au jour de l'éviction qu'au jour de la vente.

Pour que la stipulation du double soit encourue par le vendeur, il faut qu'il y ait éviction. Et ici le mot éviction se prend dans le sens strict qui dérive de son étymologique (*e vincere*), c'est-à-dire qu'il faut que cet événement soit le résultat d'une victoire judiciaire à la suite de laquelle la chose a été enlevée à l'acheteur, ou bien à la suite de laquelle l'acheteur ne conserve plus aucun espoir de rester en possession (1). Ainsi, tandis que l'action *ex empto* compète à l'acheteur quand il n'a plus la chose *ex causa emptionis*, l'action *ex stipulatu* ne lui compète qu'autant qu'il a succombé soit comme demandeur, soit comme défendeur, à la revendication ou à toute autre action réelle ayant pour effet de le priver de tout au partie de la chose (5). Ajoutons qu'il ne faut pas que l'éviction soit imputable au fait ou à la faute de l'acheteur, et qu'elle doit être l résultat d'une sentence régulièrement prononcée.

Quant aux personnes auxquelles ou contre lesquelles est accordée l'action *ex stipulatu*, nulle particularité à signaler. Les développements que nous avons donnés à cette question en traitant de l'action *ex empto* nous dispensent donc d'entrer ici dans de nouveaux détails.

Que peut demander l'acheteur évincé lorsque la stipulation a eu lieu? La somme promise. Il est possible que, postérieurement à la vente, la chose ait augmenté de valeur soit par suite d'une augmentation survenue dans les choses de même espèce, soit par suite d'accroissements naturels, comme l'alluvion, le part des esclaves, le croît des animaux, soit enfin par suite d'améliorations

(1) Dig. l. 16, § 1, de Evict,; l. 35, cod. tit.
(2) Dig. l. 9, 11, § 1, 31. § 2, 35, 31, § 1, 39, de Evict

provenant du fait de l'acheteur. La somme promise formera néanmoins le *maximum* de ce que pourra réclamer l'acheteur par l'action *ex stipulatu* (1) ; car la stipulation a eu seulement en vue la chose même qui a fait l'objet de la vente. Il est possible, en sens inverse, que la chose ait été dégradée, détériorée par cas fortuit ou par le fait de l'acheteur, qu'elle ait subi une simple dépréciation, l'acheteur n'en aura pas moins droit à la totalité de la somme stipulée (2). Ce que l'on examine dans cette action, ce n'est pas quel est le dommage causé à l'acheteur par l'éviction, mais quelle est la somme promise. La chose eût-elle été diminuée, perdue partiellement, on ne tiendrait non plus aucun compte de cette perte partielle : quoique diminuée, elle reste la même, or, la stipulation a été faite pour le cas où l'acheteur serait évincé de la *chose* ; l'éviction survenant, le cas de la stipulation est réalisé, la stipulation est commise. — Mais puisque le vendeur doit toujours la somme stipulée, et qu'il ne doit rien au-delà, il déduira du montant de la stipulation les sommes qu'il aurait déjà payées à l'acheteur à raison d'évictions partielles, autrement celui-ci obtiendrait plus que la somme déduite dans la stipulation (3).

(1) Dig. l. 64, pr., l. 8, de Evict.
(2) Ibid. l. 64, pr. eod. tit.
(3) Dig. l. 48, de Evict.

L'éviction est-elle seulement partielle, distinguons si elle est d'une *pars pro diviso* ou d'une *pars pro indiviso*. Lorsqu'elle a eu lieu pour une partie divise, il se présente une première hypothèse qui ne soulève aucune difficulté, c'est celle où chacune des parties du fonds, par exemple, a été vendue pour un prix déterminé : l'acheteur réclamera le double ou tout autre multiple du prix afférent à la partie qui lui a été enlevée (1). Mais si le fonds a été vendu pour un prix unique, comment procéder pour arriver à fixer la fraction de la somme promise à laquelle aura droit l'acheteur? Toutes les parties du fonds n'ayant pas la même valeur, il est impossible de prendre pour base de l'estimation à faire le nombre d'arpents frappés d'éviction, la *quantitas* de la partie évincée. Voici la marche que l'on suivra. On estimera la valeur tant de la partie évincée que des autres parties au jour du contrat, car ce que doit le vendeur c'est le simple, le double du prix au jour de la vente non au jour de l'éviction, puis en comparant le résultat de cette estimation au prix total, on déterminera le prix de la partie évincée. Supposons, par exemple, qu'un fonds valant vingt au jour de la vente, ait été acheté dix, que l'acheteur soit évincé d'une partie divise dont la valeur

était de huit au jour de la vente : le vendeur ne
devra pas huit à l'acheteur, mais quatre seulement ; car le fonds tout entier ayant été vendu
pour un prix inférieur de moitié à sa valeur réelle,
la partie évincée est censée avoir été vendue
aussi moitié moins que sa valeur réelle (1).

Lorsque l'éviction est d'une partie indivise,
abstraite, comme la moitié, le tiers, le quart du
fonds, il ne saurait être question de rechercher
la valeur intrinsèque de cette partie. La raison en
est qu'une partie indivise s'étendant sur la totalité
du fonds, se trouvant dans chacune des parcelles
du fonds bonnes ou mauvaises, n'a par elle-même
aucune qualité qui lui soit propre. « Pars est quota,
dit Cujas, ad. 1. 64, de Evict., ut aiunt, *non
« qualis: pars est sine qualitatibus.*» Aussi ce qui
doit servir de règle et de mesure au calcul de
l'indemnité dont le vendeur est tenu envers l'a-
cheteur, c'est la *quantitas* de la partie évincée,
ce n'est plus sa *qualitas.* « Sive tota res evincatur,
« sive pars habet regressum emptor in venditorem,
« sed cum pars evincatur, si quidem pro indiviso,
« regressum habet pro quantitate evictæ par-
« tis (2). » Si le demandeur en revendication a été
déclaré propriétaire du quart, du cinquième du
fonds, l'acheteur recevra le double de la quotité

<hr>

(1) Dig. 1. 64, § 1, l. 11, de Evict.
(2) Dig. 1. 1, de Evict.

correspondante du prix, sans qu'il soit tenu compte de l'augmentation ou de la diminution de valeur survenue depuis la vente. Toutefois, quant à ce dernier point, il faut distinguer s'il s'agit de simples dégradations ou dépréciations, ou s'il s'agit d'une perte partielle, d'une diminution de la chose : la perte partielle est, en effet, prise en considération. Cela résulte de la loi 64, pr. *de Evict.* Papinien auquel cette loi a été empruntée raisonne dans l'hypothèse suivante. Un fonds de mille arpents a été vendu mille écus, le vendeur a promis le double ou deux mille à l'acheteur; postérieurement à la vente, le fonds a été diminué de deux cents arpents par un fleuve, il est donc réduit à huit cents arpents. Survient un tiers qui évince l'acheteur de deux cents arpents *pro indiviso*, qui par conséquent a revendiqué le quart indivis du fonds, et qui, si le fonds fût demeuré dans son entier, eût obtenu deux cent cinquante arpents. Que demandera au vendeur l'acheteur évincé ? Le cinquième et non le quart du montant de la stipulation, répond Papinien. Il ne peut agir que pour les deux cents arpents dont l'a privé l'éviction, et ces deux cents arpents forment précisément le cinquième de la totalité de ce qui a été vendu. Là se borne son recours parce que ce qui a péri a péri pour lui, c'est un accident qui demeure à sa charge. Si l'on disait que le vendeur doit lui restituer le quart, on lui restituerait deux cent cinquante, or il n'a été évincé que du quart de ce qui restait du fonds, c'est-à-dire de deux cents arpents qui constituent le cinquième de mille. — Remarquons que si l'éviction eût été totale, l'acheteur eût obtenu la totalité de la somme promise nonobstant toute perte partielle. Papinien le reconnaît, il se met donc en contradiction avec lui-même, et cette contradiction ne peut être levée par aucune raison satisfaisante. Il résulte de là cette conséquence bizarre, que si par deux évictions partielles l'acheteur est évincé en totalité, il ne pourra obtenir le double du prix total qu'il eût pu réclamer si l'éviction avait eu lieu en une seule fois. Ainsi *Primus* est reconnu propriétaire pour le quart indivis du fonds, l'acheteur évincé n'aura recours contre son vendeur que pour le cinquième du double ; *Secundus* vient ensuite revendiquer les trois quarts restant; si le fonds était entier, les trois quarts seraient de sept cent cinquante, mais comme le fonds est réduit à huit cents arpents, ils sont seulement de six cents; six cents forment non pas les trois quarts, mais les trois cinquièmes de mille ; donc l'acheteur n'agira à raison de cette seconde éviction que pour les trois cinquièmes du double du prix total. Il n'aura donc que les quatre cinquièmes du double du prix total, tandis que si l'éviction eût été la suite d'une seule revendication, il aurait eu la totalité du double. Papinien , il faut l'avouer , a commis une erreur en ne statuant pas pour la partie, toute proportion gardée, comme il avait statué pour le tout.

Supposons que le fonds de mille arpents, au lieu d'être diminué, ait été augmenté de deux cents arpents par le fleuve, qu'il ait atteint par là une contenance totale de douze cents arpents, puis qu'un tiers revendique le cinquième du fonds et évince l'acheteur du cinquième des douze cents arpents ou de deux cent quarante arpents ; que devra rembourser le vendeur à l'acheteur? Le remboursement mis à sa charge sera le même que si l'acheteur avait été évincé de deux cents arpents; car il ne garantit pas la portion ajoutée par alluvion. En d'autres termes, la revendication ayant eu lieu pour un cinquième, le vendeur n'est tenu que du cinquième du double (1).

Que si le fleuve a emporté deux cents arpents d'un côté et ajouté deux cents arpents d'un autre côté, qu'il y ait ensuite revendication et éviction d'un cinquième, pour quelle partie le vendeur sera-t-il tenu? Papinien décide que le recours de l'acheteur n'est ni du quart, ni du cinquième, et il ajoute que sa décision est conforme aux principes qu'il a précédemment établis. Il a dit : 1° que la

(1) Dig. l. 6î, § l, de Evict.

perte partielle reste à la charge de l'acheteur ;
2° que le vendeur « alluvionis periculum non
« præstat. » Combinons ces deux idées. Le revendiquant a enlevé le cinquième de mille arpents
ou deux cents arpents. Ces deux cents arpents
ont été pris sur le résultat de la combinaison
suivante : 1° des huit cents arpents restés après
les ravages du fleuve ; 2° des deux cents arpents
provenant de l'alluvion ; en d'autres termes, sur
les deux cents arpents évincés, quarante ont été
pris sur l'accroissement procuré au fonds par
l'alluvion, cent-soixante sur les huit cents arpents
restant après les ravages du fleuve Pour les premiers, le vendeur ne doit pas de garantie ;
pour les seconds, au contraire, il est tenu de la
garantie. Il sera donc tenu envers l'acheteur à
raison de cent-soixante arpents, or, cent-soixante
sont les quatre vingt-cinquièmes de mille, il rem-
boursera ainsi les quatre vingt-cinquièmes du
double.

Est-il nécessaire pour que l'éviction partielle permette à l'acheteur d'invoquer la stipulation du double, qu'il ait été fait formellement mention, dans
cette convention, de l'éviction d'une partie de la
chose ? La nécessité de cette mention n'est indiquée
qu'en ce qui concerne la vente d'un esclave : « In
« stipulatione duplæ, cum homo venditur, partis
« adjectio necessaria est ; quia non potest videri

« homo evictus, cum pars ejus evicta est (1). »
S'il en était de même pour les autres choses, il
était inutile de parler spécialement des esclaves,
il suffisait de dire que dans la stipulation du double
il faut mentionner formellement le cas d'éviction
partielle. Pourquoi cette particularité aux ventes
d'esclaves? Doneau (2) d'après Barthole, en donne
ce motif : l'esclave qui nous appartient en commun avec une autre personne acquiert pour nous
en totalité, comme s'il nous appartenait exclusivement, lorsque l'équivalent de l'acquisition qu'il a
faite a été tiré de notre patrimoine, ou qu'il a acquis sur notre ordre ; il semble donc que l'acheteur évincé en partie de la propriété de l'esclave
n'est pas réellement évincé, puisque pour lui le résultat est le même que si l'éviction n'avait pas eu lieu.

Si l'éviction porte sur ce qui reste de la chose,
ou sur ce qui en est provenu, par exemple, sur
l'enfant né d'une esclave, le croît d'une jument,
l'action *ex stipulatu* est fermée à l'acheteur; les
objets frappés d'éviction ne sont pas une partie
de la chose, car ils ont une existence à eux propre, ils n'ont pas été vendus, et par la stipulation
le vendeur promet uniquement de faire avoir la
chose vendue. Ce sera à l'action *ex empto* que l'a-
cheteur devra avoir recours (3).

(1) Dig. l. 56, § 2, de Evict.
(2) Doneau, Com. Jur. civ. de Evict. cap. 6.
(3) Dig. l. 36, 12. 53. de Evict.

L'usufruit étant considéré comme une partie de la chose, il s'ensuit que l'acheteur contraint de supporter l'exercice de ce droit sera recevable à intenter l'action *ex stipulatu* contre le vendeur. Seulement, pour déterminer la fraction du double à laquelle il aura droit, il faudra par une ventilation, comme dans le cas d'éviction d'une *pars pro diviso*, fixer le prix de l'usufruit, eu égard à la valeur des fruits, à la valeur du revenu (1). Quant aux servitudes passives que l'acheteur est tenu de souffrir sur le fonds, quant aux servitudes actives qu'il ne peut exercer, elles ne constituent pas une partie du fonds ; il suit de là que, de ce chef, l'action *ex stipulatu* n'est pas ouverte à l'acheteur.

TROISIÈME PARTIE.

Pour embrasser d'une manière complète le sujet que nous nous sommes tracé, il nous reste à exposer les règles de l'obligation de garantie dans certaines ventes particulières, nous voulons parler de la vente de créances, et de la vente d'un ensemble de droits, comme une hérédité, un pécule.

______

(1) Dig. l. 13. § 1. de Evict.

§ 1er. — Vente de créances.

Quels sont, en cette matière, les faits constitutifs de l'éviction? Le vendeur d'une créance a suffisamment rempli son obligation de garant quand le droit qu'il a vendu existe réellement, quand il y a en réalité un droit d'action contre tel débiteur et que c'est à lui vendeur que ce droit appartient. « Venditor præstat nomen esse (1). » C'est donc ici l'inexistence du droit cédé au profit du vendeur qui constitue l'éviction. Il résulte de là que ni l'insolvabilité actuelle ou future du débiteur, ni l'insolvabilité des obligés accessoires, ni l'insuffisance des sûretés de la créance ne donnent lieu à garantie (2).

Voici quelles sont les conséquences de l'obligation de garantie. S'il n'existe pas de créance, le contrat est nul faute d'objet, le vendeur est tenu de restituer le prix s'il lui a été payé. A cet effet l'acheteur aura contre lui non pas l'action *empti* puisqu'il n'y a pas de vente, mais la *condictio sine causa*; il a payé le prix pour avoir une créance, ce but n'a pas été atteint, le prix se trouve donc sans cause en.... les mains du ven-

(1) Dig. 1. 74, § 3, de Evict.; 1. 4, de hered. vel act. vend.
(2) Dig. 1. 30, de pign. et hyp.

deur (1). Que s'il existe une créance, mais qu'elle soit paralysée par une exception perpétuelle, la vente étant valable en droit strict, l'action *empti* compétera à l'acheteur pour l'obtention des dommages-intérêts auxquels il peut avoir droit. Il en est de même lorsqu'il existe réellement une action contre le débiteur, et qu'elle n'appartient pas au cédant.

Remarquons, du reste, que dans tous les cas le vendeur est responsable de son dol.

Telle est la garantie de droit. Les parties peuvent, par des pactes accessoires, augmenter cette obligation, convenir, par exemple, que le vendeur répondra de la solvabilité du débiteur, de la suffisance des sûretés à l'époque de la vente. Alors si le cessionnaire, quelle qu'ait été sa diligence, n'a pu parvenir à se faire payer, il recourra contre son vendeur en vertu de la clause. Mais si, par sa négligence, il laisse le débiteur devenir insolvable, tout recours lui sera fermé. A l'inverse, les parties peuvent apporter des restrictions à l'obligation du vendeur, et même le décharger de toute responsabilité. Il en est ainsi lorsque le vendeur a déclaré vendre la créance telle qu'elle est : il a fait alors une vente aléatoire qui ne l'oblige même pas à restituer le prix ; car dans l'intention de l'acheteur la somme par lui payée

____

(1) Dig. 1 7, de hered. vel act. vend.

représente l'éventualité du droit, l'*incertum juris*.

Les conventions des parties peuvent avoir pour objet la fixation des dommages-intérêts qui pourront être dus. Cette détermination des dommages-intérêts peut être faite, soit dans la stipulation du double, soit dans un pacte. Nous pouvons citer comme exemple d'un pacte de cette nature l'indication par le vendeur du montant de la créance, alors il garantit l'existence de la créance jusqu'à concurrence de la somme déclarée (1).

§ 2. — Vente d'un ensemble de droits.

Lorsque c'est une universalité de droits, comme une hérédité, un pécule, qui est vendue, l'objet de la vente est le *nomen juris*, l'universalité, et non chacune des choses qui la composent. Il suit de là que si l'acheteur est évincé de quelqu'une des choses comprises dans cette universalité, le vendeur n'est pas tenu de le garantir de cette éviction (2). Il garantit seulement son droit sur l'universalité vendue. Ce n'est pas que, quand l'objet de la vente est un ensemble de droits, les choses comprises dans cet ensemble ne soient pas

(1) Dig. 1 5, de hered. vel act. vend.
(2) Cod. 1. 1, de Evict.

par elles-mêmes réputées vendues, mais c'est que l'intention des contractants a été que l'acheteur n'aurait ni plus ni moins que le vendeur. Or, celui-ci n'aurait pas eu les choses qui n'appartiennent pas à l'universalité (1). Si donc la chose dont l'acheteur est évincé ne fait pas partie de l'ensemble vendu, l'éviction de cette chose ne donnera pas lieu à garantie, parce qu'elle n'a pas été vendue ; si la chose appartient véritablement à l'universalité, l'éviction n'a pu avoir lieu que par l'injustice ou l'ignorance du juge, et, dans ce cas, il n'y a pas lieu à garantie.

Voyons quels sont les effets de la garantie. S'il n'y a pas d'universalité, d'hérédité, par exemple, la vente est nulle faute d'objet : il ne peut être question dès lors de l'action *empti*, l'acheteur répétera son prix par la *condictio sine causa* (2). Que s'il y a une hérédité, et ce que nous disons de l'hérédité s'applique à toute autre universalité de droits, mais qu'elle n'appartienne pas au vendeur, la vente est valable, car la vente peut avoir pour objet la chose d'autrui ; l'acheteur aura donc l'action *empti* pour obtenir la valeur de l'hérédité (Dig., l. 8 *de hered. vel act. vend.*).

Là se borne la garantie de droit. Mais ici encore les conventions des parties peuvent mo-

(1) Dig. l. 2, de hered. vel act. vend.
(2) Dig. l. 7, eod. tit.

differ les effets de cette obligation, soit pour restreindre, soit pour augmenter la responsabilité du vendeur. Pour la restreindre, tel serait le cas où le vendeur aurait simplement vendu ses prétentions à l'objet de la vente. Dans ce cas, ce qui est vendu, c'est l'*alea*, c'est l'*incertum juris;* pourvu qu'il n'y ait pas de fraude à lui reprocher, le vendeur est à l'abri de tout recours (1). Pour l'augmenter, c'est ce qui a lieu lorsque le vendeur a déclaré formellement que tel ou tel objet particulier était compris dans l'universalité vendue. Alors l'éviction des objets ainsi spécifiés ouvre à l'acheteur l'action *ex empto* (2); car ils ont été vendus.

(1) Dig. l. 10, 11, 12, de hered. vel act. vend.
(2) C. l. 1, de Evict. ; Dig. l. 5, eod tit.

DROIT FRANÇAIS.

Preuve de la filiation légitime.

Code Napoléon, art. 194, 197, 198, 199 et 200 ;
art. 312 à 330.

NOTIONS GÉNÉRALES.

La famille, point de départ de la société, repose
sur un fait de l'ordre physique, la procréation par
suite de l'union des sexes. De ce fait résulte entre
le descendant et ses auteurs une double relation
qui considérée, par rapport à l'enfant, retient le
nom de *filiation*, et par rapport à ses ascendants
reçoit la dénomination de *paternité* ou de *maternité*.

Cette relation peut naître de l'union licite de
l'homme et de la femme dans le mariage; mais elle
peut aussi se produire en dehors du mariage, dans
des relations illicites. *Légitime* dans le premier

cas, elle est *illégitime* ou *naturelle* dans le second. Le commerce illicite de deux personnes qui ne sont pas unies par les liens du mariage est plus ou moins condamnable selon que ces personnes ont pu croire ou non à la possibilité de réparer par un mariage postérieur la faute qu'elles commettaient; or, cette réparation n'a pas dû être prévue dans le cas d'adultère ou d'inceste. De là des degrés dans l'illégitimité, et la distinction de la filiation naturelle, en filiation *naturelle simple*, *adultérine* et *incestueuse*. Mais à quelle époque s'attache le législateur pour déterminer la nature de la filiation? Est-ce à l'époque où l'enfant commence à avoir une existence distincte de celle de la mère, à l'époque de la naissance? Est-ce, au contraire, à l'époque où l'existence de l'enfant est indépendante de celle du père, à l'époque de la conception? Lorsque l'enfant sera conçu et né dans le mariage, ou lorsqu'il sera conçu et né en dehors du mariage, la question offrira peu d'intérêt; il est évident que dans le premier cas l'enfant sera légitime, et qu'il sera naturel dans le second. Les faits ne se présenteront pas toujours d'une manière aussi simple. L'enfant peut : 1° avoir été conçu dans le mariage et naître postérieurement à la dissolution de l'union des époux; 2° avoir été conçu avant et naître dans le mariage; 3° enfin, avoir été conçu antérieurement à la célébration et naître après la dissolution du mariage. En présence de ces éventualités, il devient important de prendre parti sur la question que nous avons posée. Eh bien, il s'agit ici d'apprécier la moralité d'un acte, or la raison dit assez que c'est au moment où cet acte s'est accompli, et non pas au moment où se manifestent ses conséquences, qu'il faut se reporter. Aussi le législateur se place-t-il à l'époque de la conception, d'où cette conséquence que la filiation légitime est celle de l'enfant conçu dans le mariage et né soit avant, soit après la dissolution de ce contrat (312, 1ᵉʳ al. Code Napoléon).

Cette règle laisserait parmi les enfants naturels l'enfant dont la conception serait antérieure au mariage, et dont la naissance surviendrait soit pendant, soit après le mariage. Mais la loi s'est départie de la rigueur du principe qu'elle avait édicté; elle confère à cet enfant, toutefois à dater du mariage seulement, le bénéfice de la légitimité (C. Nap., art. 314).

L'enfant qui, par sa conception ou sa naissance, ne se rattache pas au mariage, est *naturel*. Il est adultérin lorsqu'au moment de sa conception, l'un de ses auteurs ou tous deux étaient engagés dans les liens du mariage avec une autre personne. Il est *incestueux* si, à l'époque de sa conception, il existait entre ses auteurs un empêchement au mariage fondé sur la parenté ou l'alliance à un degré prohibé. Ces deux cas exceptés, il est *naturel simple.*

A chacune de ces filiations sont attribués des effets différents relativement à l'étendue des droits et des obligations qui découlent pour nous de l'état de famille. L'enfant est-il légitime, il entre dans la famille de son père et de sa mère, il devient le parent des parents de ses auteurs ; de là un droit de successibilité réciproque entre lui et ses parents paternels et maternels, ascendants ou collatéraux (C. Nap., sections IV et V du titre des successions) ; de là, le droit pour lui de demander des aliments à ses ascendants, et l'obligation de leur venir en aide (C. Nap., art. 205 207). L'enfant est-il naturel, il demeure étranger à la famille de ses auteurs ; le lien qui l'unit à son père, à sa mère ne s'étend point à leurs parents (C. Nap., art. 766). Il ne peut donc exister de droits et d'obligations de famille qu'entre lui et ses père et mère. Et encore ces droits ne sont-ils pas identiques à ceux qui procèdent de la filiation légitime. Ainsi, la loi reconnait bien entre l'enfant et les père et mère naturels un droit de successibilité réciproque (C., Nap. art. 757 et 765) ; mais elle n'accorde jamais à l'enfant qu'une fraction des droits qu'il aurait eus s'il eût été légitime, et comme application de ce principe, elle le fait entrer en concours avec des héritiers qu'il eût exclus s'il eût été l'enfant du mariage (C. N. art. 757). Bien mieux, elle donne aux père et mère naturels le moyen d'écarter l'enfant du partage de leur succession (C. Nap., art. 761).

Quant à l'enfant adultérin ou incestueux, la loi lui permet seulement de réclamer des aliments (C. Nap , art. 762).

Ce simple aperçu, trop concis peut-être, suffit cependant pour faire comprendre toute l'importance que présente la constatation des faits constitutifs de la filiation. Par cela seul qu'un fait existe, en effet, il ne produit pas ses conséquences légales, il faut de plus qu'il soit prouvé.

Prouver, c'est, dans un sens général, établir la vérité d'une proposition que l'on avance. Dans le sens juridique, c'est amener chez le juge la conviction de l'existence d'un fait contesté. La *preuve* est donc le résultat obtenu, quant à la conviction du juge, par une personne chargée de justifier de la vérité d'un fait.

Certains moyens, certains éléments doivent être mis en usage pour arriver à ce résultat ; ces moyens, ces éléments, par abus de langage, sont aussi désignés sous le nom de *preuves*. Ils sont de deux sortes. Tantôt, ils constatent directement le fait en litige, et conduisent le juge, une fois le principe admis de la foi due au témoignage de l'homme sous quelque forme qu'il se manifeste, à conclure de leur production, par voie de déduction, l'existence même de ce fait. Dans ce cas, il y a *preuve directe*. Tantôt, ils ne tendent à démontrer le fait en question qu'à l'aide d'inductions tirées d'autres circonstances reconnues par les parties ou préalablement prouvées. Dans ce cas il y a *présomption*. Ce raisonnement par induction tiré de faits déjà constants est ordinairement abandonné aux lumières du juge ; quelquefois cependant la loi se charge elle-même de le faire, elle impose au juge sa décision. La présomption est dite alors *présomption légale*. La même force probante n'est pas, au reste, accordée à toutes les présomptions légales. Les unes érigées par la loi en certitude repoussent toute preuve dont le but serait d'en combattre la vérité. Les autres peuvent être détruites par la preuve contraire, et ne sont obligatoires pour le juge qu'autant que cette preuve n'est pas fournie.

Si nous nous reportons aux preuves proprement dites, il est facile de concevoir que le législateur, dans la crainte de l'infidélité des souvenirs de l'homme, soumette à des formes particulières, toutes les fois que cela sera possible, la constation de certains faits plus importants que les autres. De là dérive la distinction des preuves en *preuves simples* et *preuves préconstituées* ou préparées à l'avance, soit par un officier public, investi par la loi de cette mission, soit par les parties elles-mêmes. Les premières sont généralement écrites, tels sont l'acte authentique, les actes sous seing privé ; les secondes, le plus souvent orales ; elles comprennent le témoignage de l'homme : 1° dans la cause d'autrui ; 2° dans sa propre cause ; en d'autres termes, la preuve par témoins ; l'aveu et le serment supplétoire.

Quand ces divers modes de preuve devront-ils être mis en œuvre ? C'est un point qu'il n'entre pas dans notre plan de rechercher. Indiquons seulement un principe qui domine toute la théorie des preuves ; c'est qu'en l'absence d'une disposition spéciale dans la loi, tous les moyens compatibles avec la nature du fait en question sont admissibles.

Pour compléter ces notions générales, signalons encore cet autre principe : C'est à celui qui prétend changer l'état des choses préexistant ; c'est à celui qui allègue un fait nouveau, qu'il ait été originairement demandeur ou défendeur, à soumettre au juge, saisi de la contestation, les éléments de preuve propres à établir la vérité de son allégation. Tel est le sens des maximes, « actori

« incumbit probatio, reus excipiendo fit actor. »
La situation originaire des parties ne sera pas
cependant sans influence sur la question de savoir
à qui incombera la charge de la preuve. En effet,
jusqu'à la preuve contraire, la possession, l'exercice du droit, fait présumer chez celui qui l'exerce
l'existence même du droit ; le possesseur est donc
dispensé de toute preuve, tant que son adversaire
ne parvient pas à renverser cette présomption.

PREMIÈRE PARTIE.

Preuve de la filiation légitime proprement dite.

L'enfant qui revendique la qualité d'enfant légitime, dans le sens rigoureux du mot, devrait, il
semble, prouver en premier lieu sa filiation, c'est-
à-dire les faits de la maternité et de la paternité, et
ensuite la légitimité de cette filiation ; car, avant
de prouver qu'une chose a telle ou telle qualité, il
faut avant tout démontrer que cette chose existe.
Mais la loi ayant consacré des modes de preuve
différents, suivant qu'il s'agit d'une filiation légitime ou naturelle, il s'ensuit que la légitimité doit
être préalablement établie ; c'est seulement après
cette preuve préalable que celle de la filiation
aura lieu.

CHAPITRE Ier.

Preuve de la légitimité.

L'enfant légitime proprement dit est celui dont la conception a été possible dans le mariage. La preuve de la légitimité implique donc la démonstration : 1° de la célébration du mariage des père et mère auxquels l'enfant veut se rattacher ; 2° de sa conception dans le mariage.

SECTION PREMIÈRE.

Preuve de la célébration du mariage.

En thèse générale, cette preuve résulte de la représentation de l'acte de célébration (C. Nap., art. 194). L'enfant qui se prétend légitime est donc soumis à cette règle. A s'en tenir, il est vrai, à la lettre de l'art. 194, la décision qu'il énonce serait applicable seulement au cas où l'un des prétendus époux argumente de la célébration du mariage ; tout autre intéressé serait admis à proposer tous les modes de preuve possibles. Cependant il ressort clairement des art. 194 et 197 du Code Napoléon que, dans la pensée du législateur, la disposition de l'art. 194 a une portée générale, que l'enfant seul lorsqu'il se trouve dans certaines conditions particulières est dispensé de produire l'acte de célébration.

Est-il besoin, comme semble l'exiger l'art. 194, que l'acte de célébration soit inscrit sur le registre de l'état civil ? Un acte rédigé sur une feuille volante signé des parties et de l'officier de l'état civil, ne pourrait-il faire preuve complète de la célébration ? Nous ne le pensons pas. La loi, nous le reconnaissons, n'a pas attaché la nullité à l'inobservation des formes prescrites pour la rédaction des actes de l'état civil ; mais encore faut-il que l'acte soit un acte de l'état civil. Or, pour le législateur, l'acte ne peut être tel qu'autant qu'il est inscrit sur les registres à ce destinés (C. Nap., art. 45 et 194). Est-il rédigé ailleurs, il n'est plus un acte authentique, et comme nulle part la loi n'a déclaré qu'il vaudrait au moins comme écriture privée, il s'ensuit nécessairement qu'il est dépouillé de toute force probante. L'inscription des actes de l'état civil sur des registres n'a pas pour but unique d'assurer la conservation de ces actes, elle tend aussi à assurer la certitude de leur date, à prévenir les fraudes. De là tout un système de garanties formulé dans les art. 34, 41, 42 du Code Napoléon. L'acte rédigé sur une feuille volante n'offre aucune de ces garanties, comment lui ajouter foi, alors qu'il n'est pas certain qu'il a

réellement été fait à l'époque à laquelle il se réfère?

L'acte rédigé sur une feuille volante ne pourrait-il au moins être considéré comme commencement de preuve par écrit autorisant la preuve
testimoniale? En faveur de cette doctrine militent le principe doctrinal de l'art. 1347 et les
applications de ce principe à la preuve de la filiation dans les art. 323 et 324. Cependant la loi
ne permettant la preuve testimoniale que dans les
deux cas de perte ou de non existence des registres, il en résulte, pour nous, que hors ces deux
cas la preuve testimoniale est irrecevable, y eût-
il un commencement de preuve écrite En d'autres termes, la loi a consacré quant à la preuve de
la célébration du mariage une théorie spéciale;
aller puiser des règles dans le droit commun, ce
serait rendre cette théorie sans objet. Ajoutons
qu'un tel acte ne nous semble pas présenter les
conditions qui doivent se rencontrer dans le commencement de preuve écrite ; car, en l'absence
des garanties que nous avons signalées, si l'on
peut présumer la sincérité de l'acte, on peut
aussi en présumer la non sincérité : il ne rend
donc pas vraisemblable la prétention du demandeur.

A la règle de l'art 194 la loi apporte trois exceptions. Elle admet soit la preuve par témoins,

soit la preuve par les simples présomptions dans les trois hypothèses que nous allons parcourir.

Première exception. — Cas d'inexistence ou de perte des registres de l'état civil. — Le réclamant n'a pu s'assurer la preuve écrite du fait qu'il a intérêt à constater, ou bien la preuve qu'il eût pu fournir a été détruite, le contraindre à représenter l'acte de célébration, ce serait exiger de lui l'impossible. De là l'art. 46 du C. Nap. : « Lorsqu'il « n'aura pas existé de registres ou qu'ils seront « perdus, la preuve en sera reçue tant par titres « que par témoins, et dans ce cas les mariages, « naissances et décès pourront être prouvés tant « par les registres et papiers émanés des père « et mère décédés, quepar témoins. »

Il importe avant tout de préciser rigoureusement les cas auxquels nous devrons appliquer cette exception toute de faveur.

La première hypothèse prévue par l'art. 46, le défaut absolu de confection des registres, se rencontre difficilement aujourd'hui. Mais il peut arriver que, par suite d'une maladie contagieuse, d'une guerre soit civile, soit étrangère, il y ait interruption plus ou mois prolongée dans la rédaction des actes de l'état civil. Ce fait n'est pas littéralement prévu part l'art. 46; toutefois, il est vrai de dire que, pour le temps de l'interruption, il n'a pas été tenu de registres; nous étendrions donc à ce cas la disposition de notre article. Telle est l'interprétation que lui a donnée, du reste, la loi du 13 janvier 1817. (V. art. 5 de cette loi.)

Quant à la perte, peu importe qu'elle soit totale ou partielle : un seul feuillet, un seul acte détruit, autoriserait la preuve exceptionnelle de l'art. 46 ; pour le réclamant, le résultat est le même que si le registre tout entier avait été détruit. En ce point encore notre interprétation est en harmonie avec celle de la loi du 13 janvier 1817 (art. 5).

Mais si les registres étaient intacts, s'ils étaient régulièrement tenus, et si l'on venait prétendre que l'inscription de l'acte de célébration a été omise par l'officier de l'état civil, il nous semblerait impossible de recevoir la preuve offerte par l'art. 46. Nous ne serions plus, en effet, en présence d'un fait matériel donnant quelque apparence de probabilité à la prétention élevée : loin de là, l'exacte tenue des registres, leur état de conservation nous fourniraient une présomption en sens contraire. La solution inverse ne conduirait à rien moins qu'à rendre recevable dans tous les cas la preuve testimoniale. Or la rédaction de l'art. 194 nous paraît bien exclure la preuve par témoins toutes les fois qu'on ne peut établir la perte ou la non existence des registres.

La partie qui demande à prouver la célébration

du mariage conformément à l'art. 46, doit justifier ; 1° de l'existence de la cause donnant ouverture à cette preuve exceptionnelle ; 2° de la célébration du mariage. Quant au premier de ces faits, la preuve en sera reçue tant par titres que par témoins. Elle s'obtiendra ordinairement par la déclaration du greffier du tribunal et de l'officier de l'état civil, ou par un procès-verbal constatant que pour l'époque assignée à l'acte il n'a été trouvé de registres ni au greffe, ni aux archives de la commune, ou bien que les registres trouvés sont irréguliers, incomplets. Ce premier fait constant, il reste à établir la célébration du mariage. Cette seconde preuve, aux termes de l'art. 46, pourra être faite tant par les registres et papiers émanés *des père et mère décédés* que *par témoins*. La loi suppose donc que les père et mère de celui qui demande à faire la preuve sont décédés ; que, s'ils existent encore, ce sont les premières personnes dont le témoignage doit être entendu. Les juges peuvent, en effet, entendre tous les témoins possibles, sauf à eux à en peser les déclarations. S'il est permis aux juges de recevoir le témoignage des père et mère, il leur est aussi permis de contrôler ce témoignage par les écrits de ces personnes. Et nous croyons, bien que l'article ne s'en explique pas, qu'on pourrait apporter pour faire la preuve d'autres titres que ceux émanés des père et mère ; elle pourrait être faite par témoins seulement ; or, la preuve par écrit est plus favorable, mérite plus de confiance, aux yeux de la loi, que la preuve testimoniale. En résumé, pour nous, l'art. 46 n'est nullement limitatif quant aux modes de preuve qu'il indique ; il est simplement énonciatif.

Deuxième exception. — Cas de destruction ou de falsification de l'acte de célébration, ou de rédaction de cet acte sur une feuille volante.

La destruction ou la falsification d'un acte de célébration de mariage constitue un crime (Code pénal, art. 145, 146, 147, 173) ; l'inscription de cet acte sur une feuille volante constitue un délit. De ce crime, de ce délit peuvent résulter des poursuites contre celui qui en est l'auteur. Si sur ces poursuites il intervient un arrêt ou un jugement de condamnation, le législateur attache à l'inscription de cet arrêt, de ce jugement sur les registres de l'état civil la même force probante qu'à l'acte de célébration lui-même (Code Napoléon, art. 198). La loi ne parle que d'une *procédure criminelle*, ce qui semblerait ne pas embrasser l'hypothèse où l'acte a été rédigé sur une feuille volante. Mais tout le monde convient que ces mots *procédure criminelle* doivent être pris *lato sensu* par opposition à *procédure civile* ; ils comprennent dès lors non seulement l'arrêt rendu par la Cour d'assises, mais encore le jugement rendu par le Tribunal correctionnel. L'historique de la rédaction ne laisse, d'ailleurs, aucun doute sur ce point. Dans le projet, notre article prévoyait simplement le cas de rédaction sur une feuille volante : plus tard, il fut rédigé en termes plus larges tel qu'il existe aujourd'hui, de manière à envelopper tous les cas où la preuve de la célébration du mariage résulte d'une procédure criminelle (Fenet, IX, p. 95). Ainsi, l'art. 198, loin d'être inapplicable au cas dont nous traitons, se préoccupe surtout de cette hypothèse, puisque c'est elle qu'il avait exclusivement en vue dans sa teneur primitive.

Lorsque les prétendus époux ont provoqué ou dirigé des poursuites contre l'auteur du crime ou du délit, il suffit à l'enfant, pour établir la célébration du mariage de la femme qu'il soutient être sa mère, de produire l'extrait de l'arrêt ou du jugement de condamnation inscrit sur les registres de l'état civil. Mais ces personnes n'ont pas eu connaissance du fait qui compromet leur état, ou si elles l'ont découvert, elles ont gardé le silence. Deux situations peuvent se rencontrer : ou les prétendus époux existent encore, ou bien l'un d'eux ou tous deux sont décédés.

Et d'abord examinons la première situation. A ce cas se réfère l'art. 199 du Code Napoléon.

Pris à la lettre, cet article conférerait alors aux seuls époux le droit d'agir : tout autre intéressé demeurerait sans action ; le ministère public lui-même ne pourrait exercer l'action publique, tant que les époux ou l'un d'eux ne seraient pas décédés. Notre texte, en effet, en disant quelles personnes peuvent agir après le décès des époux ou de l'un d'eux, paraît par là même refuser à ces personnes le droit d'action du vivant des époux. Mais l'action publique, fondée sur l'intérêt général, est complétement indépendante de l'action civile fondée sur l'intérêt particulier des parties lésées par le crime ou le délit. Du moment où l'infraction à la loi pénale a été commise, l'action publique prend naissance ; dès ce moment elle peut être intentée par le ministère public, lors même que les parties privées resteraient inactives (C. inst. crim., art. 1). Tel est le principe : pour s'en écarter dans notre espèce, il faudrait une disposition précise, absolue ; la construction de l'art. 199, défectueuse à d'autres égards, ne saurait autoriser une dérogation aussi grave aux règles fondamentales de notre droit criminel. — Quant aux autres intéressés, quant à l'enfant, dont la légitimité est contestée, devront-ils attendre, pour agir, le décès de l'un des époux ? La doctrine contraire nous paraît préférable. On n'hésite pas à rejeter la stricte application de l'art. 190, lorsqu'il est question du ministère public ; pourquoi donc ici prendre à la lettre cette disposition légale? L'art. 199 est, à notre avis, énonciatif; il prévoit le cas le plus ordinaire. D'une part, si les époux ont connaissance du crime, du délit, ils ne manqueront pas d'agir eux-mêmes. D'autre part, le plus souvent, ils auront seuls un intérêt né et actuel à prouver la célébration du mariage. S'ils ont connu le crime ou le délit, et s'ils restent dans l'inaction, si leurs enfants ont un intérêt né et actuel à faire constater l'existence de la célébration, l'intention du législateur n'a pu être de refuser toute action à ces autres intéressés. Quel serait le motif de ce refus? Dira-t-on que du vivant des époux eux seuls sont les vrais intéressés, que leur intérêt absorbe et représente celui de tous les autres? On ne peut le soutenir; car, ou bien l'enfant, dont la légitimité est contestée, a un intérêt complétement distinct de celui des prétendus époux, ou bien son intérêt est précisément en opposition avec le leur.

Arrivons à la seconde situation. L'un des époux est décédé, l'action est ouverte à tous les intéressés (C. Nap., art. 199). Ici encore l'art. 199 demanderait une distinction. Il nous dit, en effet : « Si les époux ou l'un d'eux sont « décédés sans avoir découvert la fraude..... » ; d'où il serait permis de conclure que si les époux sont décédés après avoir découvert la fraude sans avoir agi ou sans avoir eu le temps de le faire, personne n'a le droit d'action. Mais, de l'aveu de tous les auteurs, les mots *sans avoir découvert la fraude* ont en vue les cas les plus fréquents : ainsi entendus, ils ne portent aucune atteinte à notre solution.

Dans les deux situations que nous venons d'indiquer quelle est l'action ouverte aux parties lésées par le crime ou le délit? Aux termes de l'art. 199, ce serait *l'action criminelle*, c'est-à-dire l'action ayant pour but la répression du fait coupable. Or lorsqu'il s'agit de crimes proprement dits, cette action n'est jamais ouverte aux particuliers ; elle appartient au seul ministère public. Les parties privées ont seulement une action tendant à la réparation du préjudice qui leur a été causé, l'action civile. Cette action, elles peuvent la porter devant les tribunaux civils qui toutefois devront surseoir à leur décision si l'action publique est déjà intentée ou si elle vient à l'être. Elles peuvent aussi la joindre à l'action publique, la porter devant les tribunaux criminels en se constituant parties civiles. Mais pour cela, il faut que la juridiction criminelle ait été saisie par le ministère public poursuivant soit d'office, soit sur la plainte des parties privées elles-mêmes. S'il s'agit d'un délit, le droit des particuliers est plus étendu, ils peuvent saisir directement les tribunaux correctionnels, mais uniquement quant à leurs dommages intérêts : c'est au ministère public à conclure, s'il le juge nécessaire, à l'application de la peine. Tels sont les principes généraux. En présence de ces principes, l'expression *action criminelle* dont se sert l'art. 199, en tant que se rapportant aux parties privées, doit donc être entendue de l'action civile qu'elles pourront joindre à l'action publique si le fait poursuivi est un crime, ou soumettre directement au tribunal correctionnel si le fait incriminé est un délit. Ces mots empruntés à la langue de notre ancienne pratique n'ont pu évidemment être pris par les rédacteurs du Code Napoléon dans le sens technique que leur a attribué le Code d'instruction criminelle.

Pour que le jugement ou l'arrêt de condamnation produise l'effet qui lui est attaché par l'art. 198, est-il nécessaire que les époux ou les autres intéressés se soient constitués parties civiles? L'article 198 ne faisant aucune distinction, nous ne croyons pas cette condition indispensable. Toutefois, il sera prudent pour les parties privées de suivre cette marche. En effet, bien que l'accusé au grand criminel ait été acquitté, la réponse du jury ayan dépourvu le fait de toute criminalité, il peut être condamné par la Cour à des dommages-intérêts (C. instr. cr. art. 366) si la personne lésée s'est portée partie civile : or l'inscription de cet arrêt de condamnation sur les registres de l'état civil tiendrait encore lieu de l'acte de célébration. Si cette voie n'avait pas été prise, il n'y aurait plus d'autre ressource que dans une nouvelle action dirigée au civil conformément à l'art. 200.

Reste une question : le bénéfice de l'art. 198 devrait-il être étendu au cas où les parties auraient porté leur action devant la juridiction civile? Les art. 198 et 199 prévoient uniquement l'hypothèse où la voie criminelle a été suivie, et comme nous sommes dans une des situations exceptionnelles où la loi n'exige pas la représentation de l'acte de célébration, nous ne saurions sortir des termes mêmes du texte.

Il est des circonstances où une poursuite criminelle devient impossible. La mort du coupable, sa démence éteignent l'action publique. A ces hypothèses a trait l'art. 200 : « Si l'officier de « l'état civil (lisons, l'auteur du crime) est décédé « lors de la découverte de la fraude, l'action sera « dirigée au civil contre ses héritiers, par le pro-« cureur impérial, en présence des parties inté-« ressées et sur leur dénonciation. » Cette attri-bution au ministère public de l'exercice d'une action civile constitue une dérogation notable au droit commun; car, en principe, aux parties privées seules compétent les actions civiles. Cette dérogation s'explique par la con idération sui- vante. La constatation par un jugement civil d'une célébration de mariage non régulièrement inscrite sur les registres de l'état civil pourrait amener des collusions frauduleuses entre les per- sonnes. intéressées à établir l'existence de cette célébration et les héritiers du coupable ou le cou- pable lui-même. On conçoit, en effet, que l'appli- cation d'une peine ne pouvant plus être encourue, les héritiers de l'auteur du crime ou cet auteur lui-même se laisseraient peut-être entraîner soit par faiblesse, soit par corruption, à reconnaître l'existence d'un crime purement imaginaire.

Enfin si toute poursuite civile et criminelle ne pouvait plus avoir lieu parce que l'action publique et l'action civile se trouveraient éteintes par prescription (C. instr. cr. art. 637 et 638) ou parce que l'auteur du crime serait demeuré incon- nu, il resterait aux parties intéressées la voie de l'art. 46.

Troisième exception.— En vain les époux, lors- qu'ils sont appelés à justifier de la célébration de leur mariage, soutiendraient-ils qu'ils ne se rappellent pas le lieu de cette célébration, ils ne sont pas ad- mis à en faire la preuve par la possession d'état d'époux légitimes ; ils ne sont pas reçus à prouver qu'ils ont l'exercice de l'état d'époux légitimes.

Ils ne peuvent ignorer le lieu où a été célébré un acte auquel ils ont concouru : il est trop facile, d'ailleurs, d'usurper la qualité de mari et de femme (Code Napoléon, art. 105). Il n'en est plus de même lorsque ce sont les enfants se disant issus du mariage qui viennent invoquer comme preuve d'une célébration légale du mariage la possession d'état d'époux légitimes exercée publiquement par leurs auteurs. Par faveur pour la légitimité et sous certaines conditions particulières, la loi accorde alors à la possession d'état la force probante qu'elle lui déniait précédemment (C. Nap., art. 197). La loi veut, en premier lieu, que les enfants aient eux-mêmes la possession d'état d'enfants légitimes, et que leur possession ne soit pas contredite par l'acte de naissance. Elle n'exige pas que la possession d'état soit confirmée par l'acte de naissance, elle demande seulement qu'elle ne soit pas contredite. L'acte de naissance vient-il dire que l'enfant est naturel, le père n'aurait pas laissé subsister cette énonciation, s'il y avait eu réellement mariage célébré. La contradiction entre la possession et le titre fait donc naturellement évanouir la présomption que la loi consentait à tirer de la première. Mais s'il n'existe pas d'acte de naissance, il suffit à l'enfant d'établir les deux possessions requises ; alors il n'y a pas évidemment contradiction. Dans l'hypothèse inverse, au contraire, dans celle où le réclamant produit seulement un acte de naissance non corroboré par la possession d'état d'enfant légitime, il ne peut plus se prévaloir de l'art. 107; il est permis de présumer qu'il n'y a pas eu de célébration et que l'acte de naissance contient une fausse énonciation.

Cette possession d'état de l'enfant appuyée sur celle de ses auteurs ne le dispense de représenter l'acte de célébration qu'autant que les époux sont tous deux décédés. L'enfant a peut-être négligé, du vivant de ses auteurs, de s'informer du lieu, de l'époque de la célébration; peut-être, à raison de son âge, n'a-t-il pu se procurer ce renseignement. A qui maintenant irait-il le demander? à des collatéraux le plus souvent intéressés à contester sa légitimité. Il était donc juste que la loi vînt à son secours. Si la raison que nous venons de donner est fondée, nous devons aider à la lettre et entrer dans l'esprit de la loi. Nous étendrons en conséquence la disposition de notre article aux cas dans lesquels les père et mère ou le survivant sont incapables de manifester leur volonté, aux cas d'absence, d'interdiction : il y a identité de motifs, or « ubi eadem ratio, ibi idem « jus esse debet. » Le législateur en parlant spécialement du décès a statué sur l'hypothèse la plus fréquente.

Si l'enfant se trouvait avoir pour adversaires ceux qu'il affirme être ses auteurs ou le survivant, pourrait-il encore se placer sous la règle protectrice de l'art. 197 ? Nous ne le pensons pas. Il n'y a pas ici, avec le cas de décès, l'analogie que nous rencontrions dans les hypothèses que nous lui avons assimilées. Outre l'impossibilité pour l'enfant d'acquérir les renseignements qui lui sont nécessaires, il y a la dénégation de ses adversaires ou de son adversaire ; cette dénégation est, à nos yeux, tellement grave, qu'elle détruit toute présomption de légitimité. La loi n'a pu d'ailleurs prévoir que, dans un intérêt purement pécuniaire, un père, une mère viendraient déclarer n'avoir pas été mariés, avoir vécu en concubinage !

Dans les cas que nous avons étudiés, la preuve contraire est de droit au profit des adversaires de l'enfant. Elle peut être dirigée contre l'existence même de la célébration. Mais, s'il est produit un acte de célébration, elle tend à révoquer en doute un fait attesté de *visu et auditu* par l'officier de l'état civil, elle doit donc être fournie par la voie de l'inscription de faux. (C. Nap., art. 45). Dans les autres circonstances, tous les modes de preuve sont admissibles. La preuve contraire peut aussi être dirigée contre le mariage lui-même, car il peut être entaché d'une nullité absolue ou relative. Nous ne nous proposons pas de traiter ici cette matière importante. Rappelons seulement, qu'aux termes des art. 201 et 202 du Code Napoléon, il suffit que le mariage ait été contracté de bonne foi par les époux ou par l'un d'eux pour que les enfants qui en sont issus jouissent du bénéfice de la légitimité. Les adversaires de l'enfant devraient donc prouver, non seulement la nullité du mariage, mais encore la mauvaise foi des deux époux.

SECTION II.

Preuve de la conception dans le mariage.

C'est par la comparaison de la date de la conception avec celle de la célébration ou de la dissolution du mariage que cette nouvelle preuve sera faite. La célébration et la dissolution du mariage sont d'une vérification facile, sont susceptibles d'une preuve directe ; il n'en est pas de même de la conception ; la nature l'a entourée d'un voile impénétrable. Toutefois, si l'instant précis de la conception ne peut être établi directement, il est du moins possible de le déterminer par voie de présomption. Deux signes extérieurs, la grossesse de la femme et l'accouchement, révèlent la conception. Or, l'un de ces signes, l'ac-

couchement, constitue un des termes de la grossesse, dont, l'autre terme, l'époque de la conception est inconnu. Eh bien! il nous est permis
de nous emparer du fait connu comme point de
départ d'une présomption arrivant à fixer le fait
inconnu. Mais, comme la nature ne suit pas toujours des règles invariables, qu'il est des naissances tardives et des naissances accélérées, il
faut, si l'on veut prendre l'accouchement pour
base de cette présomption, préciser préalablement la durée de la gestation. Ici trois partis
s'offraient au législateur. S'en rapporter sur ce
point aux allégations des époux; déjà ce système
était condamné par les lois romaines (Dig., l. 29,
§ 1, *de probationibus*; Cod. l. 14, *eod. tit.*).
Abandonner cette détermination à l'appréciation
des tribunaux, c'eût été, l'expérience le prouvait,
donner lieu aux décisions les plus arbitraires et
les plus contradictoires. Etablir une présomption
légale; c'est ce dernier parti qui a été adopté par
les rédacteurs du Code Napoléon. Ce principe
une fois admis, surgissait une nouvelle difficulté :
poserait-on une règle absolue, uniforme; se bor-
nerait-on, au contraire, à fixer les limites extrêmes des plus longues et des plus courtes gros-
sesses? Le législateur ne pouvait, pour être
équitable, édicter une règle uniforme sans auto-

riser la preuve contraire; les variations qui se rencontrent dans la durée de la gestion sont trop considérables pour qu'on n'en tienne pas compte; mais alors la loi serait retombée dans les inconvénients dont elle voulait prévenir le retour. Aussi le législateur s'en est-il tenu simplement à cette idée, qu'il suffirait d'établir deux termes qui, avec le terme invariable de l'accouchement, constituassent le *maximum* et le *minimum* de la durée de la gestation. Restait à déterminer ces limites extrêmes.

Dans cette vue, les rédacteurs du Code, rejetant les précédents historiques, s'adressèrent aux lumières de la science. Le savant Fourcroy, consulté par la section de législation, lui présenta un « Précis sur l'époque de la naissance humaine et sur les naissances tardives et accélérées. » Il résumait toutes les discussions qui avaient eu lieu relativement à la détermination de la durée de la grossesse et concluait en ces termes : « En conséquence et d'après
« tous les faits, ainsi que d'après les raisonnements
« rassemblés ci-dessus, on doit conclure que l'o
« pinion déjà présentée au conseil, sur la fixa
« tion de cent quatre-vingt-six jours pour les
« naissances accélérées et de deux cent quatre
« vingt-six jours pour les naissances tardives,
« ainsi que pour la légitimation des enfants qui
« proviennent des unes et des autres, se trouve

« parfaitement d'accord avec la portion la plus
« éclairée et la plus sage des physiciens, des na-
« turalistes et des jurisconsultes »(Fenet, X, p. 18).
Les rédacteurs du Code, montrant encore une certaine défiance pour les données de la science, et
voulant accorder la plus grande faveur à la légitimité, consacrèrent un *minimum* plus court et un
maximum plus long. La durée de la plus courte
gestation se trouve, en conséquence, limitée à
cent quatre-vingts jours, celle de la plus longue
grossesse à trois cents jours (C. Nap., art 312,
314 et 315), ce qui, suivant le calendrier répu-
blicain, dont tous les mois étaient de trente jours,
formait les termes de six et de dix mois. Le
texte, du reste, compte par jours, supputation
plus commode depuis le rétablissement du calendrier grégorien. La durée de la grossesse déterminée, la présomption légale relative à la fixation de l'époque de la conception consiste à placer
nécessairement ce fait inconnu à l'expiration
soit du délai de cent quatre-vingts jours, soit de
celui de trois cents jours, en prenant pour point
de départ la naissance de l'enfant. De là nous
pouvons tirer cette conclusion : Tout enfant dont
une femme mariée est accouchée depuis le commencement du cent quatre-vingtième jour, à
partir de la célébration du mariage jusqu'à la fin
du trois centième jour, à compter de la dissolu-

tion ou de l'annulation du mariage, est réputé, aux yeux de la loi, avoir été conçu dans le mariage.

Comment doit exactement se faire le calcul de ces délais? Il ne doit pas se faire par heures, mais par jours, c'est-à-dire par durée de vingt-quatre heures, de minuit à minuit. L'art. 2260 fournit ici un argument d'analogie. Sur ce point tout le monde est d'accord. Il n'en est plus de même, lorsqu'il s'agit de préciser rigoureusement le nombre de jours pleins compris soit dans le *maximum*, soit dans le *minimum* de la durée de la gestation. Faut-il, dans la supputation des trois cents ou des cent quatre-vingts jours, compter soit le jour *à quo*, soit le jour *ad quem?* Plusieurs systèmes sont en présence.

Dans un premier système, on compte et le jour *à quo* et le jour *ad quem*. Dans cette opinion, le *minimum* serait de cent soixante-dix-huit jours pleins et le *maximum* de deux cent quatre-vingt-dix-huit jours pleins; le jour de la naissance et celui où la conception est censée avoir eu lieu servent à compléter les cent quatre-vingts et les trois cents jours exigés par la loi.

Un second système compte et le jour *à quo* et le jour *ad quem*, lorsqu'il s'agit de déterminer le *minimum*; c'est là une interprétation favorable à la légitimité. Au contraire, est-il question de fixer la durée de la gestation la plus longue, on ne compte plus que le jour *ad quem;* ainsi, le *minimum* serait de cent soixante-dix-huit jours pleins, les deux fractions du jour de l'accouchement et de celui présumé de la conception compléteraient les cent quatre-vingts jours de la loi; le *maximum* serait de deux cent quatre-vingt-dix-neuf jours pleins, plus la fraction de jour dans laquelle a eu lieu l'accouchement, ce qui donne les trois cents jours du Code.

Suivant un troisième système, il ne faut compter que l'un des deux termes, le jour *ad quem.* Ce mode de calcul offre pour *minimum* cent-soixante dix-neuf jours pleins, et pour *maximum* deux cent quatre-vingt-dix-neuf jours pleins. Le jour où par présomption la conception a été possible est le cent-quatre-vingtième ou le trois-centième jour. C'est à ce dernier système que nous nous rangeons, car il nous paraît le plus conforme au texte de la loi. D'un côté, en effet, la loi répute illégitime (C. Nap., art. 315) *l'enfant né trois cens jours après la dissolution du mariage;* or ces mots supposent que trois cents jours se sont écoulés depuis cette dissolution lorsque survient la naissance de l'enfant, c'est-à-dire que l'enfant est né le trois cent et unième jour; donc si la naissance eût eu lieu le trois-centième jour, s'il s'était écoulé deux cent quatre-vingt-dix-neuf jours pleins entre la dissolution et la naissance, l'enfant serait présumé conçu dans le mariage. D'un autre côté, la loi (C. Nap., art. 314) considère comme non conçu dans le mariage *l'enfant né avant le cent quatre-vingtième jour du mariage* (ce qui dans l'acception la plus naturelle doit s'entendre ainsi, à partir du jour de la célébration), d'où il résulte que si l'enfant était né le cent quatre-vingtième jour, ou cent soixante-dix-neuf jours pleins après la célébration du mariage, il serait regardé comme l'enfant du mariage. Cette interprétation est confirmée par l'art. 312, 2e alinéa. En effet, aux termes de cette disposition, le mari peut désavouer l'enfant en prouvant que pendant le temps qui a couru *depuis le trois-centième jusqu'au cent-quatre-vingtième jour avant la naissance de l'enfant* ..; delà cette conséquence que : d'une part, la conception ne peut remonter au-delà du trois-centième jour avant la naissance de l'enfant, mais qu'elle a été possible ce trois-centième jour ; ce qui nous donne le terme de deux-cent quatre-vingt-dix-neuf jours pleins, plus la fraction de jour où est présumée avoir eu lieu la conception ; d'autre part, la conception ne peut être postérieure au cent-quatre-vingtième jour avant la naissance ; mais peut se placer dans ce cent quatre-vingtième jour ; ce qui constitue bien cent soixante-dix-neuf jours pleins, plus la fraction. Le jour de la naissance n'est point compté quant au *maximum*, sans quoi ce *maximum* ne serait plus de trois cents jours; or, s'il ne l'est pas alors, il ne doit pas l'être non plus quant au *minimum*; car la rédaction de l'art. 312, 2ᵉ al., embrasse dans une même phrase le mode de calculer la durée et de la plus longue et de la plus courte gestation. Il est donc impossible de diviser cette rédaction.

Les présomptions de la loi [relatives à la détermination de la durée la plus longue et la plus courte de la grossesse n'admettent pas la preuve contraire : ce serait ouvrir la porte aux scandales judiciaires que le législateur a voulu éviter en retirant aux juges l'appréciation des circonstances en cette matière. Cependant cette doctrine n'est pas universellement admise, du moins quant au *maximum*, dans le cas spécial où cette limite a pour point de départ la dissolution ou l'annulation du mariage. De graves interprètes soutiennent que l'enfant né plus de trois cents jours après la dissolution ou l'annulation du mariage peut être déclaré par les tribunaux appartenir au mariage. Ils invoquent en faveur de cette opinion le texte même de l'art. 315 ainsi conçu : « La légitimité « de l'enfant né trois cents jours après la dissolu- « tion du mariage *pourra être contestée.* » Ces derniers mots indiquent bien, disent-ils, qu'il s'agit d'un pouvoir discrétionnaire conféré au tribunal; car une contestation implique un débat, un point douteux à résoudre, et partant faculté pour le juge de prononcer dans un sens ou dans l'autre. Le tribunal peut donc, selon les circonstances, statuer en faveur de la légitimité. A l'appui de cette interprétation sont appelés certains passages des travaux préparatoires du Code Napoléon. M. Bigot-Préameneu, chargé de présenter au Corps législatif le projet de loi sur la paternité et la filiation, le tribun Lahary entendaient la loi en ce sens (V. Fenet, X, p. 141 et 178).

A ces arguments tirés du texte et des travaux préparatoires on ajoute les considérations suivantes Si, selon l'ordre régulier de la nature, la gestation ne dure pas plus de trois cents jours, il est cependant des circonstances, rares il est vrai, où la grossesse se prolonge au-dela du *maximum* fixé par la loi ; pourquoi, lorsque ces circonsances se rencontreront, mettre le juge dans la pénible nécessité de prononcer l'illégitimité de l'enfant? Ces anomalies de la nature peuvent, il faut l'avouer, se présenter dans le cas prévu par l'art. 312, 2ᵉ al., mais alors l'enfant est en présence du mari contre les soupçons jaloux duquel le sentiment de l'amour paternel et la crainte du scandale lui donnent de suffisantes garanties. Au contraire, dans l'hypothèse de l'art. 315, c'est à des héritiers uniquement préoccupés d'intérêts pécuniaires, peu soucieux de l'honneur de la femme, qu'est confié le droit de contester la légitimité de l'enfant. C'est là ce qui explique comment ici la présomption légale peut être combattue par la preuve contraire.

Quelque fondée que puisse paraître cette doctrine, nous ne saurions la suivre. Elle est en opposition trop manifeste avec le but que s'est proposé le législateur en établissant les limites extrêmes de la durée de la grossesse, pour qu'il nous soit possible de l'admettre comme l'expression véritable de la pensée de la loi. Redoutant l'influence des faits sur l'esprit des juges, la loi leur enlève le soin de déterminer la durée de la gestation, et par suite l'époque de la conception, et elle viendrait d'un seul mot détruire elle-même son œuvre! car autoriser ici la preuve contraire, c'est substituer aux présomptions du législateur celles du magistrat, c'est dès lors ôter toute utilité aux présomptions légales. Nous ne pouvons croire à une pareille contradiction dans la loi. Ces cas exceptionnels, ces naissances tardives peuvent survenir dans le cas de l'art. 312, 2ᵉ al.; or, dans cette hypothèse, pour que le mari triomphe dans l'action en désaveu, il lui suffit de prouver que l'enfant est né trois cents jours après l'éloignement ou l'accident qui ont rendu toute cohabitation impossible entre lui et sa

femme, et là aucune preuve contraire n'est recevable, aucun pouvoir discrétionnaire n'est attribué aux tribunaux, ils doivent nécessairement
déclarer l'enfant illégitime. Pourquoi en serait-il
autrement dans l'espèce de l'art. 315 ? L'impossibilité de cohabitation résultant de la dissolution
du mariage par la mort du mari n'est-elle pas
aussi certaine, aussi avérée que celle qui a pour
cause un éloignement, un accident? Admettons
même qu'il y ait eu simplement annulation du
mariage, la possibilité d'un rapprochement entre
les prétendus époux ne tournerait-elle pas contre
la légitimité de l'enfant, loin d'affaiblir notre argumentation? En vain on nous objecte qu'il n'y
a pas analogie entre les cas prévus par les art.
312, 2ᵉ al., et 315, que dans l'un l'enfant lutte
contre le mari, dans l'autre contre des héritiers.
C'est là une erreur et un oubli. D'une part, en
effet, l'action en désaveu est transmissible aux
héritiers du mari (Code Nap., art. 317); d'autre
part, l'action en contestation de légitimité pouvait,
avant 1816, être exercée par le mari, car le Code
Napoléon reconnaissait le divorce. L'enfant peut
donc se trouver dans les cas de l'art. 312 en présence des héritiers du mari, comme il pouvait,
sous l'empire du Code Napoléon, être en conflit,
dans le cas de l'art. 315, avec le mari lui-même.
L'analogie entre les deux situations nous semble

dès lois frappante. Le texte de l'article 315 est-il plus favorable à la doctrine que nous repoussons? Nullement. Sans doute, il accorde une faculté, mais à qui ? aux héritiers; c'est à eux de juger s'ils doivent ou non mettre en question la légitimité de l'enfant Ce qui est facultatif, c'est l'action des héritiers, ce n'est pas la décision du tribunal, qui est tenu, comme dans le cas de l'art. 312, de prononcer l'illégitimité de l'enfant. Les mots *pourra être contestée* ne doivent donc pas être traduits par ceux-ci *pourra être contestée, débattue,* mais par ceux-ci *pourra être déniée, méconnue.* A quoi bon, nous oppose-t-on l'intervention de la justice, si tel est le sens de l'article ? Mais à quoi bon aussi cette intervention dans le cas de l'art. 312, 2ᵉ alinéa ? Cette disposition a eu pour objet d'écarter une proposition du Tribunat d'après laquelle l'enfant né plus de trois cents jours après la dissolution du mariage aurait été déclaré illégitime de plein droit, indépendamment de toute contestation. Le Tribunat avait, en effet, demandé que l'article fût rédigé en ces termes : « La loi ne reconnaît « pas la légitimité de l'enfant né trois cent et un « jours après la dissolution du mariage » (Fenet, X, p. 119). Cette rédaction fut rejetée par le conseil d'État, et ce rejet se trouve expliqué et justifié par ces paroles du tribun Duveyrier :

« Pourquoi cet enfant n'est-il pas de plein droit
« illégitime, et mis au rang des enfants naturels?
« parce que tout intérêt particulier ne peut être
« combattu que par un intérêt contraire. La loi
« n'est point appelée à réformer ce qu'elle ignore;
« et si l'état de l'enfant n'est point attaqué, il
« reste à l'abri du silence que personne n'est in-
« terressé à rompre » (Fenet, X, p. 220). Voilà,
selon nous, quelle est la véritable portée de l'article 315. M. Bigot-Préameneu, le tribun Lahary
l'ont interprété, nous le reconnaissons, d'une manière différente, mais peut-être est-il permis d'in-
firmer l'opinion de l'orateur du gouvernement en
faisant remarquer qu'il n'avait pas assisté aux
séances du conseil d'Etat, dans lesquelles l'article 315 fut discuté et adopté (Fenet, X, p. 102).

Quant au tribun Lahary, il semble avoir
voulu lui-même avertir du peu d'autorité que mé-
ritaient ses paroles, lorsqu'il ajoute : « Et vrai-
« ment il est des cas où elles pourraient ne pas
« l'être. *Tel serait celui où l'enfant prouverait*
« *que son père divorcé se serait rapproché de sa*
« *mère postérieurement à la dissolution du ma-*
« *riage* » (Fenet, X, p. 178). Ces derniers mots
contiennent une étrange méprise, car il est hors
de doute que l'enfant issu du commerce de deux
personnes divorcées est illégitime. — Toute cette
discussion aboutit à cette conclusion : L'enfant né

trois cents jours après la dissolution du mariage
n'est pas illégitime de plein droit; les héritiers
sont constitués par la loi juges des circonstances ;
ils peuvent maintenir l'enfant en possession des
droits de la légitimité, ils peuvent contester sa légitimité, et dans ce dernier cas les tribunaux n'ont
qu'une simple vérification à opérer; si le résultat
de cette vérification est conforme à la prétention
des héritiers, l'illégitimité de l'enfant doit en être
la conséquence inévitable.

Si les présomptions des art. 312, 2ᵉ al., 314 et
315 ne peuvent être détruites par la preuve contraire, il est, remarquons-le, des hypothèses auxquelles elles ne peuvent être appliquées. Nous pouvons citer le cas où la femme, qui aurait enfanté
quelques jours après la dissolution du mariage,
viendrait à donner le jour à un second enfant avant
l'expiration du terme *maximum* établi par l'art.
315. La conception ne pourrait alors être placée
dans le mariage et l'enfant serait évidemment illégitime. Suivant une doctrine constante, en dissen-
timent cependant avec la jurisprudence, il en serait
de même toutes les fois que la légitimité de l'enfant
ne serait pas révoquée en doute et qu'il s'agirait
de rechercher à quelle époque a eu lieu la conception. Tel serait le cas où, pour l'application de
l'art. 725 du Code Napoléon, il y aurait débat sur
le point de savoir si l'enfant de deux personnes,

dont le mariage dure encore, était conçu au moment du décès d'un autre enfant de ces personnes,
à la succession duquel il sera ou non appelé suivant la solution de la question. Les présomptions
sont de droit étroit et ne peuvent être étendues à
des cas pour lesquels elles n'ont pas été faites; or
les présomptions de nos articles ont en vue le cas
où la légitimité de l'enfant est contestée.

Pour fournir la preuve de sa conception possible dans le mariage, l'enfant doit, nous l'avons
dit, comparer entre elles la date soit de la célébration, soit de la dissolution ou de l'annulation
du mariage, et la date de la conception, qui s'obtient par celle de la naissance. La date de la célébration sera constatée par l'acte dressé par l'officier de l'état civil, ou par les modes de preuve
destinés à en tenir lieu. Notons toutefois que, dans
l'hypothèse prévue par l'art. 197, cette date ne
pourra être établie ; mais elle sera toujours présumée antérieure à la conception. La date de la
dissolution du mariage sera indiquée par l'acte de
décès du père ; quant à celle de l'annulation, elle
résultera du jugement prononçant la nullité du
mariage. Enfin l'acte de naissance inscrit sur les
registres de l'état civil, conformément aux articles 55 et suivants du Code Napoléon, donnera la
date de la naissance et par suite celle de la conception. Si les registres ont été détruits en tout ou

en partie, ou s'il n'en a pas été tenu, il est suppléé à l'acte de naissance par tous les moyens (Code Nap., art. 46).

Les adversaires de l'enfant seront recevables à contredire la vérité de ces différentes dates. Mais rappelons ici encore un principe que nous retrouverons plus loin ; lorsqu'un acte authentique leur sera opposé, et qu'ils mettront en question la sincérité de l'officier qui aura reçu cet acte, ils devront suivre la voie de l'inscription de faux ; car l'acte authentique fait foi jusqu'à inscription de faux des faits attestés par l'officier qui l'a rédigé. Dans toutes les autres hypothèses, tous les moyens de preuve leur seront ouverts.

CHAPITRE II.

Preuve de la filiation.

L'enfant a démontré que sa filiation, à la supposer prouvée, serait légitime : il lui faut maintenant faire la preuve de sa filiation même, c'est-à-dire du double fait de la paternité et de la maternité, puis celle de son identité avec la personne à laquelle se rapporte ce dernier fait. La preuve de la paternité et de la maternité s'opèrera tantôt distinctement, tantôt simultanément.

Voyons, en premier lieu, les cas dans lesquels cette preuve s'opèrera d'une manière distincte.

SECTION Ire

Preuve de la maternité

C'est le fait de la maternité, l'accouchement de la femme dont il se prétend issu, et son identité propre avec l'enfant dont cette femme est accouchée, que le réclamant doit prouver tout d'abord. Autre est le fait de la maternité, autre est le fait de la paternité. Le premier se manifeste par des signes extérieurs, faciles à établir; le second demeure environné d'obscurité. La loi ne pouvait donc consacrer, relativement à la constatation de ces deux faits, des règles identiques. Aussi, tandis qu'elle veut une preuve directe de la maternité, une fois ce premier fait constant, elle détermine elle-même la paternité par voie de conséquence (Code Nap., art. 312, 1er al.). Ainsi se justifie l'ordre que nous avons cru devoir adopter dans notre exposition.

Ceci posé, entrons dans l'examen des modes de preuve à l'aide desquels l'enfant établira : 1° l'accouchement de sa prétendue mère ; 2° son identité propre avec l'enfant que cette femme a mis au jour.

§ 1ᵉʳ. Preuve par l'acte de naissance.

La production de l'acte de naissance ne fait pas
à elle seule preuve de la maternité, comme on
pourrait être tenté de l'induire de l'art. 319.
L'acte de naissance établit seulement que telle
femme mariée est accouchée, mais il ne nous
donne pas la preuve que le réclamant est bien
l'enfant dont cette femme est la mère. La déten-
tion d'un extrait du registre de l'état civil ne
saurait, on le conçoit, être un indice suffisant de
cette identité ; car les registres de l'état civil étant
publics, toute personne peut s'en faire délivrer
un extrait (Code Nap., art. 45). Ainsi, l'enfant
devra, l'accouchement mis hors de doute, prouver
qu'il est bien celui auquel se réfère l'acte de
naissance qu'il rapporte. L'art. 319 s'exprime
donc d'une manière inexacte lorsqu'il nous dit :
« La filiation des enfants légitimes se prouve par
« les actes de naissance inscrits sur les registres
« de l'état civil. » L'accouchement seul se prouve
par cet acte. Signalons en passant une autre inexactitude dans cette rédaction. La filiation est
le résultat de deux faits, la maternité et la paternité ; or, la paternité se détermine par voie de
présomption (art. 312, 1ᵉʳ al.), c'est donc unique-

ment à la maternité que la preuve par l'acte de naissance est applicable, et non *à la filiation*.

I. — Preuve de l'accouchement. — Cette preuve, nous venons de le dire, résulte de la représentation de l'acte de naissance. Comment la loi a-t-elle pu attacher cette force probante à un tel acte? Ce n'est pas, en effet, un acte de naissance dans le sens propre du mot, car l'officier de l'état civil n'atteste pas *de visu* le fait qui s'y trouve mentionné, il dresse seulement procès-verbal des déclarations qui lui sont faites par certaines personnes désignées par la loi (C. Nap., art. 56). Or, ces personnes ne sont pas des officiers publics aux déclarations desquels il soit dû pleine foi. On objecte cependant, pour justifier le législateur, que ces personnes ayant reçu de la loi mission de déclarer la naissance de l'enfant, sont par là même investies d'un caractère public, d'où la foi attribuée à leurs affirmations. Acceptons-le un instant. Mais dans quelle circonstance la loi conférerait-elle aux déclarants ce caractère? Lorsqu'ils auraient assisté à l'accouchement ; y ont-ils assisté? là est le doute ; leurs dires peuvent donc être mensongers. Si logiquement l'acte de naissance ne devrait pas faire preuve de l'accouchement, en se plaçant au point de vue pratique, le législateur a parfaitement pu l'admettre comme preuve suffisante. Le plus souvent les dires des déclarants seront conformes à la vérité ; la notoriété, dont sont ordinairement entourés les faits constitutifs de la maternité, laisse peu de place à la fraude. Ajoutons qu'il serait à peu près impossible d'exiger un véritable acte de naissance. « On sent bien, disait d'Aguesseau, dans son « 47ᵉ plaidoyer, qu'il est possible de donner dans « un acte de cette nature une mère supposée à « l'enfant que l'on baptise ; mais cet acte est la « grande, c'est presque l'unique preuve de l'état « des hommes ; qu'on renverse cette preuve, tous « les fondements de la société civile sont ébranlés ; « il n'y a plus rien de certain parmi les citoyens, « si l'on retranche cet argument. Qu'on dise tant « qu'on voudra que ce principe est douteux ; que « rien n'est plus facile à altérer, à dissimuler, à « changer même que le contenu d'un acte baptis« taire : toutes ces réflexions sont justes ; mais, « quelque douteuse que puisse être cette preuve, « tout sera encore plus douteux, si on ne l'admet, « si on la rejette sans des preuves convaincantes « de fausseté. »

L'acte de naissance prouve donc l'accouchement. Mais la loi veut qu'il *soit inscrit* sur les registres de l'état civil (C. Nap., art. 319). Est-il rédigé sur une feuille volante, il est dépouillé de toute force probante, car l'acte qui n'est pas inscrit sur les registres n'est pas un acte de l'état civil. Ne vaudrait-il pas, au moins, comme commencement de preuve par écrit rendant admissible la preuve testimoniale? Nous ne le pensons pas.

Régulièrement l'acte de naissance doit contenir toutes les énonciations prescrites par l'art. 57 du Code Napoléon. Il peut arriver qu'il présente certaines omissions, certaines irrégularités. Si par suite de ces omissions, de ces irrégularités, le fait même de l'accouchement et l'identité de la femme accouchée ne sont point clairement établis, il est hors de doute que l'acte est de nulle valeur. Mais le fait de l'accouchement, l'identité de la femme accouchée sont indiqués d'une manière suffisante, seulement l'acte renferme, relativement au père ou à la mère, des énonciations qui ne devraient point s'y rencontrer, ou il omet des énonciations qui auraient dû s'y trouver. Ainsi, la mère est exactement mentionnée sous son nom de femme, mais le père n'est pas indiqué ; ou bien, les indications concernant la mère sont irrégulières, la mère est dénommée sous son nom de fille, elle est désignée comme veuve, ou bien encore, l'acte attribue à l'enfant un père autre que le mari, ou il porte que le père est inconnu. Que décider dans ces diverses espèces?

Il s'est élevé un système suivant lequel, dans

ces circonstances, l'acte de naissance ne peut faire preuve de la maternité. Aux termes de l'art. 57, dit-on, l'acte doit comprendre la mention du père et de la mère, il doit donc établir à la fois la paternité et la maternité. Le mari est-il omis, le silence sur un point aussi essentiel rend au moins douteuse la légitimité de l'enfant ; l'écrit n'ayant pas été rédigé selon le vœu de la loi n'établit pas l'existence d'une filiation légitime ; or les enfants légitimes sont les seuls dont la filiation se prouve par les actes de naissance. L'acte suppose-t-il une paternité autre que celle du mari, suppose t-il la mère non mariée, la foi qui lui est due ne peut être scindée car il est indivisible ; l'enfant ne peut s'en prévaloir en tant qu'il prouve la maternité et le rejeter en tant qu'il lui attribue une filiation illégitime ; il faut donc y ajouter foi entière et arriver à reconnaître l'existence d'une filiation adultérine. Mais comme le Code (art. 335) n'admet pas la preuve de pareils faits, il faut bien repousser le titre puisqu'il n'est plus l'acte de naissance d'un enfant légitime.

Cette théorie serait fondée, si toutes les parties du titre étaient également essentielles, si toutes étaient également probantes. Or, lorsqu'il y a un mariage, ce qui est essentiel dans l'acte de naissance, en tant qu'acte de filiation, c'est la déclaration de maternité ; car le mariage fait connaître le père, la paternité est alors établie par la maternité même (C. Nap., art. 312, 1ᵉʳ al). Toutes les autres mentions sont superflues. Elles n'ajouteraient rien à l'acte ; celles qui concernent le mariage, pour prendre un exemple, ne dispenseraient pas l'enfant de rapporter la preuve du mariage. Comment, lorsqu'elles sont omises ou irrégulières, pourraient-elles combattre l'essence de cet acte et entraîner pour l'enfant la privation du mode de preuve que lui concède l'art. 319 ? Peu importe donc que l'acte de naissance présente la mère comme non mariée ; il n'a pas pour but de prouver le mariage ; son but unique, c'est la preuve de l'accouchement. Peu importent les fausses énonciations à l'égard du père ; l'acte de naissance n'est pas destiné à établir la paternité, elle est déterminée par la loi une fois la maternité constante. En vain on nous objecte l'art. 57 ; l'argument que l'on veut en tirer prouverait trop. En effet, cet article, pris à la lettre, nous conduirait à dire que l'acte de naissance d'un enfant naturel doit aussi désigner le père ; or, de l'aveu de tous, cette désignation ne peut figurer dans un tel acte. D'ailleurs l'art. 57 exige aussi là mention des témoins. Soutiendrait-on que l'omission de cette formalité entache de nullité l'acte de naissance ? Non, évidemment. Eh bien !

comme celle des témoins, la mention du père est de pure forme dans l'acte de naissance ; car le titre de l'enfant, quant à la paternité, est dans la loi même. Ajoutons que partir du principe que l'acte de naissance prouve aussi bien la paternité que la maternité, c'est arriver à cette conséquence que la présomption de l'art. 312, 1ᵉʳ al. n'a plus aucune utilité. L'acte serait-il régulier, il ferait preuve directe de la paternité ; contiendrait-il, au contraire, quelque irrégularité, la présomption de paternité ne pourrait plus être invoquée par l'enfant. Mais, nous oppose-t-on encore, n'est-il pas infiniment probable que, toutes les fois que l'acte de naissance se présentera avec les omissions, les énonciations que nous avons signalées, la paternité légale du mari viendra contredire d'une manière choquante la vérité des faits ? Le remède est dans la loi ; n'a-t-elle pas permis au mari de repousser la paternité qu'elle lui attribue ? S'il se trouve dans une des hypothèses où cette faculté lui est accordée, qu'il désavoue l'enfant. Les cas où la loi concède au mari la possibilité de détruire la présomption de paternité sont, il est vrai, limités, restreints. De cette limitation ne résulte-t-il pas évidemment que la présomption de la loi, hors ces cas exceptionnels, doit être à l'abri de toute contestation ? Or, faisons remarquer ici dans quelle contradiction la doctrine que nous combattons ferait tomber le législateur. Il aurait, d'une part, précisé rigoureusement les cas dans lesquels le mari de la mère est recevable à proposer le désaveu de l'enfant, et, d'autre part, de simples irrégularités, de simples omissions ne permettraient plus à l'enfant de se placer sous la protection de la règle *pater is est quem nuptiæ demonstrant*. Le résultat d'un tel système serait d'ouvrir à un mari soupçonneux la faculté de se décharger d'une paternité qui lui incombait sans avoir à fournir les preuves réclamées par la loi au cas de désaveu. Enfin, suivant nos adversaires, l'acte de naissance serait complétement nul, il ne ferait pas même preuve de l'accouchement, et, pour établir ce fait, l'enfant serait contraint de recourir à la preuve testimoniale Aux termes de l'art. 323, ce mode de preuve n'est imposé à l'enfant qu'autant qu'il a été inscrit soit sous de faux noms, soit comme né de père et mère inconnus. Les différentes espèces que nous avons énumérées ne rentrent dans aucun des cas prévus par cet article; il y aurait donc violation de la loi à réduire l'enfant à faire alors par témoins la preuve de la maternité.

Faut-il que l'acte ait été reçu dans les trois jours de la naissance de l'enfant (C. Nap. art 55)? Tel est le principe. L'officier de l'état civil ne devrait, postérieurement à ce délai, recevoir et inscrire sur le registre une déclaration de naissance qu'en vertu d'un jugement (avis du conseil d'Etat du 12 brumaire an XII). Toutefois, dans le cas où cette déclaration aurait été inscrite sans jugement, la loi n'ayant pas attaché la nullité à l'inobservation des formes qu'elle a prescrites pour la rédaction des actes de l'état civil, ce serait aux tribunaux à prononcer sur le sort de l'acte. Nous maintiendrions cette décision quelle que fût l'époque à laquelle serait intervenue la déclaration : dans le silence de la loi, pour quels motifs distinguerionsnous ?

L'acte de naissance démontre jusqu'à preuve contraire le fait de l'accouchement. Mais comment cette preuve sera-t-elle fournie ? Si les adversaires de l'enfant se bornent à contester la validité de l'acte qui leur est opposé, tous les moyens de preuves sont admissibles : la question que nous soulevons n'offre d'intérêt qu'autant qu'ils attaquent les énonciations relatées dans l'acte. Ici une distinction est nécessaire. Les adversaires du réclamant nient-ils qu'un enfant ait été présenté à l'officier de l'état civil, que les déclarations mentionnées dans l'acte lui aient été faites, en un mot, révoquent-ils en doute ce que l'officier atteste *de visu et auditu*; ils attaquent le témoignage d'un officier public qui, aux yeux de la loi, mérite toute confiance; c'est donc à la voie de

l'inscription de faux qu'ils devront avoir recours.
Au contraire, tout en reconnaissant la sincérité
des attestations de l'officier de l'état civil, préten-
dent-ils, par exemple, que la femme dénommée
dans l'acte n'est jamais accouchée, qu'il y a eu
supposition d'enfant, ils contredisent le témoignage des déclarants, ils seront donc admis à
établir par les moyens ordinaires la fausseté des
déclarations contenues dans l'acte.

Cependant la loi, en conférant à certaines personnes (C. Nap. art. 56) la mission de déclarer la
naissance de l'enfant n'a-t-elle pas par là même re-
vêtu ces personnes d'un caractère public, et leurs
déclarations, dès lors, ne doivent-elles pas être réputées vraies jusqu'à inscription de faux? Nous ne le
pensons pas. A qui, en effet, l'art. 56 donne-t-il
cette mission? au père, au médecin, à la sage-
femme, ou à une personne qui aura *assisté* à
l'accouchement; donc si le déclarant n'était pas
le père, ou s'il n'avait pas assisté à l'accouchement,
il ne serait plus un officier public. Or, rien ne
prouve que le déclarant était bien le père, qu'il
avait réellement assisté à l'accouchement, comment serait-il possible de lui reconnaître un caractère public; comment serait-il possible d'accorder foi à sa déclaration jusqu'à inscription de
faux? Et le Code pénal vient à l'appui de la doctrine que nous soutenons. L'art. 146 de ce Code

punit des travaux forcés à perpétuité tout fonctionnaire qui aura frauduleusement dénaturé la substance ou les circonstances d'un acte de son ministère en constatant comme vrais des faits faux. Si la personne qui vient faire une fausse déclaration à l'officier de l'état civil était un officier public, elle se trouverait soumise à l'application de cet article. Il n'en est rien toutefois; car, aux termes de l'art. 345 du même Code, le crime de supposition d'un enfant à une femme qui n'est pas accouchée est puni simplement de la réclusion, c'est-à-dire de la peine du faux témoignage (art. 363 C. pén). Donc, dans la pensée du législateur, le déclarant, comme le témoin, n'est pas un officier public. Le mensonge oral qui résulte des fausses déclarations ne tombe-t-il pas, du moins, sous l'application de l'art. 147 du Code pénal relatif au faux commis par les particuliers dans un acte authentique; et, partant, la force légale qui appartient à l'acte devant être dans une exacte proportion avec la peine due à la fourberie, l'acte ne doit-il pas faire foi jusqu'à inscription de faux? Les derniers mots de l'art. 147 pourraient le faire supposer; ils portent en effet : « Soit par « addition *ou altération* de clauses ou de faits « que ces actes avaient pour objet de recevoir et « de constater. » Mais, est-il vraisemblable, dirons-nous avec M. Bonnier, que le législateur voulant définir le *faux en écriture* commis par des particuliers, ait été donner pour exemples des cas où le prétendu faussaire n'a fait qu'une déclaration verbale? Ces mots nous semblent dominés par cette proposition principale dans laquelle il n'est question que *d'écriture :* « Seront punies « des travaux forcés à temps, toutes autres personnes qui auront commis un faux en *écriture* « authentique et publique, ou en écriture de « commerce ou de banque.. » L'art. 147, selon nous, a trait uniquement au faux matériel, il ne s'occupe nullement d'un mensonge purement oral, et si le législateur parle d'*altération de déclarations*, c'est qu'il a confondu la déclaration avec l'écrit qui en est la preuve, de même que dans le troisième alinéa de notre article, il a confondu la convention avec l'acte qui doit la constater.

II. — *Preuve de l'identité.* — Il ne suffit pas au réclamant de prouver, au moyen de l'acte de naissance, l'accouchement de la femme dont il se prétend issu, il faut encore qu'il prouve l'applicabilité de l'acte à sa propre personne. Toutefois, dans certaines hypothèses fort rares, cette preuve ne lui sera pas imposée. Il peut arriver que, sans avoir la possession définie par l'article 322, le réclamant soit en possession de son identité, soit en possession d'être le même que celui qui se trouve dénommé dans l'acte de naissance. L'espèce suivante nous en offre un exemple. Une femme accouche, dans le cours d'un voyage, hors du domicile matrimonial ; un acte de naissance est dressé, puis l'enfant est abandonné ; il est élevé dans le lieu où il est né, et, reconnu publiquement comme étant la personne à laquelle se réfère l'acte, il est en possession de son identité. Dans cette situation, si l'enfant, venant à retrouver sa mère, intente une action en réclamation d'état, la preuve de son identité sera toute faite ; à ses adversaires incombera la charge de la preuve contraire. Mais, le plus souvent, les faits ne se présenteront pas d'une manière aussi favorable pour l'enfant, il lui faudra établir son identité. Comment fera-t-il cette preuve ? Par tous les moyens possibles ? Cette opinion n'est pas cependant unanimement admise. Selon de graves auteurs, l'enfant ne serait recevable à justifier de son identité par tous les moyens possibles, qu'en fondant sa prétention sur un commencement de preuve par écrit, conformément à l'art. 323 ; car il y a pour lui *défaut de titre*, lorsque l'application de l'acte de naissance à sa personne est mise en question. Dans la doctrine la plus accréditée, l'art. 323 ne vise pas cette hypothèse. L'art. 323 raisonne dans la supposition que l'accouchement de la femme n'est pas prouvé, et il nous dit comment le réclamant pourra parvenir à la constatation de ce fait. Dans notre cas, au contraire, l'accouchement est établi ; il y a un titre duquel résulte au moins la preuve de ce fait. D'ailleurs, l'acte de naissance, non suivi d'un acte régulier de décès, pourrait être considéré comme constituant une des présomptions donnant, aux termes de l'art. 323, ouverture à la preuve testimoniale. L'usurpation serait peu à redouter : la présence de l'enfant véritable ou la représentation de son acte de décès confondrait trop facilement l'audace de celui qui voudrait s'approprier l'acte de naissance.

§ 2. Preuve par témoins.

Toutes les fois que l'enfant ne peut asseoir sa filiation, ni sur un titre, ni sur la possession d'état (mode de preuve dont nous nous occuperons plus loin), c'est à la preuve testimoniale qu'il doit recourir pour établir le fait de la maternité. A ces cas, il faut ajouter celui où l'acte de naissance porte que l'enfant *est né de père et mère inconnus* (Cod. Nap , art. 323). L'enfant a bien un titre alors ; mais le résultat est pour lui le même que s'il en était privé. La preuve testimoniale est offerte par la loi à l'enfant, non seulement quand il n'a pas de filiation prouvée, mais encore quand il a un titre qu'il soutient être mensonger. C'est le cas prévu par ces mots de l'art. 323 : *Ou si l'enfant a été inscrit... sous de faux noms*. Il en serait de même, si l'enfant revendiquait une filiation autre que celle que lui donne sa possession d'état. L'art. 323 ne mentionne pas, il est vrai, cette hypothèse ; mais notre solution découle *à contrario* de l'art. 322. Enfin, il y aurait encore lieu à la preuve par témoins, si l'enfant avait un titre et une possession contradictoires. Ce mode de preuve n'est, en effet, repoussé qu'autant que l'acte de naissance est confirmé par une possession d'état conforme (C. Nap., art. 322). Alors l'état de l'enfant se trouve irrévocablement fixé, personne ne peut le lui contester, et lui-même n'est pas recevable à le prétendre mensonger.

La preuve testimoniale permet de fournir la preuve simultanée : 1° de l'accouchement ; 2° de l'identité de l'enfant ; il est donc inutile de distinguer ici ces deux preuves.

Si les principes généraux devaient être suivis en notre matière, l'enfant serait admis à proposer *de plano* la preuve par témoins de l'accouchement, car il lui a été impossible de se procurer une preuve écrite de ce fait (Code Nap., art. 1348). Mais la preuve par témoins toute nue présentait ici les plus grands dangers. L'infidélité de la mémoire des témoins, leur complaisance, leur corruption peut-être, pouvaient introduire un aventurier dans une famille honorable. Le repos, l'honneur des familles ne devaient pas être ainsi abandonnés au hasard d'une enquête. Aussi déjà notre ancienne jurisprudence, appuyée sur ce texte du droit romain : « Si tibi contro- « versia ingenuitatis fiat, defende causam tuam « instrumentis et argumentis : soli enim testes « ad ingenuitatis probationem non sufficiunt « (L. 2 C. de Testibus) » posait-elle en principe la nécessité de certains adminicules pour auto- riser la preuve testimoniale. Le Code Napoléon reproduit cette doctrine. La preuve testimoniale du fait de la maternité n'est permise à l'enfant que sous une condition préalable : sa prétention doit déjà être rendue vraisemblable, soit par un commencement de preuve par écrit, soit par des indices suffisamment graves *résultant de faits dès lors constants* (C. Nap , art. 325, 2e al.).

Commencement de preuve par écrit. — Que faut-il entendre par là ? En général, on donne cette qualification à tout acte émané de la per- sonne à laquelle il est opposé, et qui, sans prou- ver directement le fait objet du litige, lui prête cependant une certaine vraisemblance (C. Nap., art. 1347). Lorsqu'il s'agit de filiation, la loi ad- met comme tels même les écrits provenant d'une personne « qui n'est pas engagée dans la contes- « tation, mais qui y aurait intérêt, » c'est-à-dire

qui aurait un intérêt contraire à celui du réclamant, *si elle était vivante* (C. Nap., art. 324).
Citons comme exemple le cas où l'enfant, revendiquant son état contre ses prétendus père et
mère, produirait à l'appui de sa demande un
écrit d'un autre enfant que ses adversaires auraient eu de leur mariage. Deux considérations
motivent la dérogation apportée par la loi aux
règles du droit commun, et la confiance par elle
accordée à cet écrit : 1o il n'est pas probable
qu'il ait été fait pour les besoins de la cause, car
au moment où s'élève la contestation son auteur
est décédé; 2° cet écrit est, selon toute probabilité, conforme à la vérité. car son auteur avait
intérêt à ne pas le faire. A ces considérations
vient se joindre peut-être le désir de favoriser la
légitimité.

Que ce commencement de preuve écrite soit un
acte public, que ce soit un acte privé, un registre
domestique ou même de simples lettres missives,
peu importe, s'il réunit d'ailleurs les conditions
que nous venons de signaler. C'est au pouvoir
discrétionnaire des tribunaux qu'il appartiendra
d'apprécier le sens de l'écrit et le degré de vraisemblance qu'il est permis de lui attribuer.

Présomptions ou indices graves résultant de
faits dès lors constants. — Sous ces expressions
sont comprises toutes les circonstances, autres

que le commencement de preuve écrite, pouvant donner quelque apparence de vérité à la réclamation de l'enfant. Ces indices graves résulteront soit de certaines marques corporelles observées sur un enfant et constatées sur le réclamant, soit de certains faits de possession incomplets pour constituer la possession d'état définie par l'article 321, soit de certains vêtements, certains objets trouvés sur un enfant et représentés par le réclamant, etc. Les tribunaux pèseront la gravité de ces indices et verront s'ils sont assez concluants pour admettre la preuve par témoins de la maternité.

Les présomptions ou indices graves doivent résulter de faits *dès lors constants*. Qu'est-ce à dire? La loi, nous le croyons, entend que les faits invoqués par l'enfant soient dès lors, c'est-à-dire au moment où est soulevé le débat, avérés, hors de doute. Sans doute, il ne saurait suffire aux adversaires de l'enfant de contester les faits, pour leur enlever toute leur force, alors qu'ils pourraient toujours nier l'évidence. Si donc ces faits étaient constatés dans un acte authentique, par exemple dans le procès-verbal dressé en exécution de l'art. 58 du Code Napoléon, la preuve testimoniale de la maternité rendue probable serait évidemment recevable. Mais le réclamant ne devrait pas être écouté s'il voulait prouver par témoins les circonstances d'où procéderont peut-être les présomptions graves rendant admissible la preuve testimoniale. Autoriser la preuve par témoins de ces faits, ce serait s'exposer aux dangers que la loi s'est proposé d'éviter en exigeant les adminicules dont nous avons parlé. C'est en ce sens, du reste, que l'orateur du gouvernement commentait notre article (Fenet, X, p. 145). Toutefois, il faut, selon nous, excepter les cas dans lesquels les faits allégués par l'enfant seraient des faits de possession imparfaite, les éléments constitutifs de la possession d'état étant le plus souvent du ressort de la preuve testimoniale.

Lorsque l'enfant revendique un état autre que celui que lui confère son acte de naissance ou sa possession d'état, doit-il, avant d'être reçu à se prévaloir du mode de preuve de l'article 323, détruire préalablement la preuve qui s'élève contre lui? Nulle part la loi ne soumet la réclamation de l'enfant à cette condition préalable. C'est en établissant sa filiation véritable, et cela est surtout évident lorsque l'acte de naissance le désigne comme né de père et mère inconnus, que l'enfant démontrera que de son acte de naissance, de sa possession d'état, il résulte pour lui un état mensonger.

Les exigences de l'art. 323 sont-elles applicables au cas de non tenue ou de perte des registres de l'état civil? Nous ne le croyons pas. Le but de l'art. 46 est de permettre aux parties de remplacer par la preuve testimoniale, la preuve légale qu'elles sont dans l'impossibilité de fournir par suite de cas fortuits qu'on ne peut leur imputer : de les mettre, en un mot, dans la situation où elles seraient si les registres avaient été tenus ou n'avaient pas été détruits Or , si les registres existaient, ils établiraient tout à la fois la naissance et la filiation. De là, nous concluons que la preuve testimoniale, indépendamment de tout commencement de preuve écrite, suffit pour prouver non seulement *la naissance* mais encore *la filiation*, lorsque se présentent les circonstances exceptionnelles prévues par l'art. 46. Alors, en effet, l'inexistence ou la perte des registres explique naturellement pourquoi le demandeur ne rapporte pas un acte de naissance : sa prétention est par là déjà vraisemblable; il y a donc peu de danger à l'autoriser à corroborer par la preuve testimoniale, ce commencement de preuve. Au contraire, dans l'hypothèse des art. 323 et 324, les registres existent, l'enfant pourrait les représenter; rien n'explique pourquoi il ne rapporte pas la preuve ordinaire : de là, la défiance que la loi montre à son égard; de là, les exigences des art. 323 et 324.

Les adversaires de l'enfant pourront prouver par tous les moyens possibles qu'il n'est pas l'en-

fant de la mère qu'il prétend avoir (C. Nap., art.
325)

SECTION II.

Preuve de la paternité.

Le mariage, la conception dans le mariage, l'accouchement de la mère et l'identité de l'enfant
sont établis, reste une dernière preuve, celle de la
paternité. Mais ici nous ne sommes plus en présence d'un fait susceptible d'être prouvé directement : à la différence de la maternité, la paternité est occulte, incertaine. C'est à l'aide d'une
présomption qu'elle doit être démontrée. Pour
fonder une présomption, il faut un fait connu
servant de base à l'induction qui devra conduire
à la connaissance du fait inconnu. Ce fait connu,
le législateur le rencontre dans le mariage : c'est
la maternité constatée de la femme mariée. Partant de ce point de départ, le législateur proclame
la présomption suivante: «L'enfant conçu pendant
le mariage a pour père le mari » (C. Nap., art.
312, 1er al.). Deux motifs légitiment la règle
édictée par l'art. 312, 1er al. D'une part, il y a
toute probabilité qu'à l'époque de la conception
de l'enfant il y a eu cohabitation entre les époux,
la loi leur faisant un devoir de la vie commune.
D'autre part, la loi ne pouvait, à peine d'immora-

12

lalité , ériger le mal en présomption, c'est ce qu'elle eût fait si elle eût présumé l'infidélité de la femme.

Toutefois la présomption de paternité consacrée par l'article 312 n'est pas irréfragable. Elle peut se trouver en contradiction flagrante avec les faits : dès lors, tout en tenant en principe pour constante l'innocence de la femme, la loi ne devait point couvrir de sa protection les fruits du crime. Aussi permet-elle au mari de repousser la paternité qu'elle lui attribue, mais dans certains cas exceptionnels, et en lui imposant l'obligation de prouver sa non paternité, de désavouer l'enfant dont sa femme est accouchée.

Ce désaveu sera soumis à des conditions plus ou moins rigoureuses selon que la filiation maternelle de l'enfant sera constatée par un acte de naissance, ou selon qu'elle résultera seulement de la preuve testimoniale. De là, pour nous, la nécessité d'examiner séparément ces deux hypothèses.

§ 1er. Cas où la preuve de la maternité résulte d'un acte de naissance.

Dans cette première situation, de graves présomptions militent en faveur de la légitimité de l'enfant : la loi se montre donc extrêmement sévère quant à l'exercice de la faculté concédée au mari. Elle précise rigousement les cas dans lesquels il sera recevable à prouver que l'enfant n'a pas été conçu de ses œuvres : hors de ces cas, la présomption de paternité demeure dans toute sa force. Trois causes de désaveu peuvent être invoquées par le mari. Les deux premières seules étaient indiquées au code Napoléon (art. 312, 2° al. et 313); la troisième a été introduite dans notre législation par la loi du 6 décembre 1850, et forme aujourd'hui le second alinéa de l'art. 313.

I. — *Premier cas de désaveu.—Impossibilité physique de cohabitation.—*Le fondement essentiel de la règle de l'art. 312, 1er al. réside dans la présomption de cohabitation entre les époux au moment où la conception a été possible. Dès que le mari démontre l'impossibilité physique de toute cohabitation à cette époque, la paternité, on le conçoit, ne saurait lui incomber. Mais comment le mari établira-t-il la coïncidence de l'impossibilité physique de cohabitation avec l'époque où la conception a pu avoir lieu ? Le législateur met ici à profit les présomptions relatives à la fixation des termes extrêmes de la durée de la grossesse.

« Néanmoins, dit l'art. 312, 2° al., celui-ci pour-
« ra désavouer l'enfant, s'il prouve que, pendant
« le temps qui a couru depuis le trois-centième
« jusqu'au cent-quatre-vingtième jour avant la
« naissance de cet enfant, il était . . . . . dans

« l'impossibilité physique de cohabiter avec sa
« femme. » La plus courte gestation reconnue
par la loi étant de cent soixante-dix-neuf jours
pleins, et la plus longue de trois cents jours pleins,
il se trouve entre ces deux termes, un intervalle
de cent vingt et un jours, à chacun des instants
duquel peut se placer la conception de l'enfant.
Le mari devra donc, en supposant à la grossesse
soit la plus longue, soit la plus courte durée, prouver l'existence de l'impossibilité physique de cohabitation pendant l'intervalle des cent vingt et
un jours.

Cette impossibilité de cohabitation est le seul
fait à prouver par le mari ; une fois cette preuve
obtenue, le juge est lié, il doit nécessairement
déclarer l'enfant illégitime. En d'autres termes,
le désaveu est ici péremptoire. La première rédaction de notre article allait plus loin encore,
elle déclarait l'enfant illégitime de plein droit
(Fenet, X, p 11). La rédaction actuelle, au contraire, veut que le mari se prononce formellement, qu'*il désavoue* l'enfant dont sa femme est
accouchée ; mais aussi il suffit qu'il le désavoue.
Le seul moyen, pour l'enfant, d'éviter les conséquences du désaveu, serait de prouver qu'il n'y
a réellement pas eu impossibilité physique de
cohabitation ; il ne serait pas recevable à combattre l'action intentée par le mari, en offrant

d'établir que la grossesse de sa mère a été ou plus longue ou plus courte que la durée légale.

L'impossibilité physique de cohabitation dont parle la loi ne résulte pas, du reste, de toutes circonstances indistinctement. L'art 312, 2e al. détermine les faits dont le mari aura à fournir la preuve : c'est ou *l'éloignement* ou *l'effet d'un accident*. Quant à l'éloignement, il doit avoir été tel, qu'aucune réunion, même momentanée, n'ait pu avoir lieu entre les époux. Il ne s'agit pas ici d'une question de distance, autrement la rapidité actuelle des voies de locomotion ne nous permettrait que difficilement de trouver une application de cette cause de désaveu ; il s'agit uniquement, pour les tribunaux, de vérifier, en fait, s'il y a eu ou non possibilité de rapports entre les époux. L'impossibilité de cohabitation pourrait donc résulter, outre les cas d'absence longue et continue, de l'incarcération des époux dans des prisons distinctes ou de l'emprisonnement de l'un d'eux seulement, pourvu qu'il n'y eut eu aucune communication possible entre eux. Cette interprétation a pour elle l'autorité du tribun Duveyrier (Fenet X, p. 212).

L'accident pouvant servir de fondement au désaveu doit être de nature à empêcher le mari d'avoir aucun rapport avec sa femme ; il faut qu'il frappe le mari d'impuissance au moins pendant l'espace dans lequel a pu avoir lieu la conception. Le mot *accident* s'applique d'abord à toute blessure ou mutilation provenant soit d'une opération chirurgicale, soit d'une chute ou de tout autre événement. Mais comprend-il également les lésions organiques internes, les maladies entraînant impossibilité de cohabitation? A s'en tenir à la lettre de la loi, la négative ne serait pas douteuse; car, dans le langage usuel, le terme *accident* n'est pas employé pour désigner une maladie, des lésions internes, mais pour désigner des lésions externes. Cependant certaines maladies rendent impossible tout commerce entre les époux. Dans de telles hypothèses, n'y aurait-il pas scandale à refuser au mari l'action en désaveu. Nous étendrions donc l'article 312, 2e al. même au cas de maladie, et nous pouvons ici encore invoquer en notre faveur l'opinion du tribun Duveyrier (Fenet, X, p. 213).

L'impuissance accidentelle serait-elle pour le mari une cause de désaveu, bien qu'elle fût antérieure au mariage? On soutient la négative en se fondant sur le texte de l'article 312, 2e alinéa. Cet article, dit-on, met sur la même ligne l'éloignement et l'accident : l'éloignement, en tant que cause de désaveu, devant être nécessairement postérieur au mariage, il s'ensuit que, dans la pensée du législateur, l'accident doit aussi être survenu postérieurement à la célébration du mariage. On argumente *a simili* de l'art. 313 qui dénie au mari le droit de désavouer l'enfant pour cause d'impuissance naturelle, et cela, prétend-on, parce que cette impuissance est antérieure au mariage; or cette raison est également applicable à l'impuissance accidentelle lorsqu'elle précède le mariage. Il y aurait honte, ajoute-t-on, pour le mari, à venir jeter le déshonneur sur une femme qu'il a indignement trompée : aussi la loi refuse-t-elle d'entendre sa plainte. Toutefois nous pensons qu'il importe peu que l'accident d'où procède l'impuissance accidentelle soit antérieur ou postérieur à la célébration du mariage. Quoi ! parce que la femme a été trompée, elle aurait acquis le droit de donner librement le jour à des enfants légitimes quoiqu'ils fussent conçus dans l'adultère ! La loi n'a pu consacrer une telle immoralité, elle n'a pu autoriser la réciprocité dans le délit, et punir le mari en lui infligeant à titre de peine la paternité d'enfants qui n'ont pu être conçus de ses œuvres. Le législateur repousse, il est vrai, le désaveu pour cause d'impuissance naturelle; mais il n'y a aucune analogie à en tirer pour l'impuissance accidentelle, car cette prohibition tient, nous allons le voir, à d'autres motifs que l'antériorité de l'impuissance au mariage. Enfin, le texte de l'article 312 ne s'oppose en rien à la doctrine que nous défendons. La loi indique, en effet, deux événements dont l'un ne peut être que postérieur à la célébration du mariage, mais dont l'autre peut précéder ou suivre cette célébration : nous ne saurions discerner quelle conséquence il serait possible d'en déduire contre nous.

Remarquons que les deux causes de désaveu, l'éloignement et l'impuissance accidentelle, peuvent concourir et former la preuve de l'impossibilité de cohabitation, qui ne résulterait pas de chacune d'elles prise isolément. Tel serait le cas où le mari, ayant été absent pendant une partie de l'intervalle dans lequel se place la conception légale de l'enfant, serait revenu frappé d'impuissance accidentelle.

L'impuissance naturelle ne peut être pour le mari la base d'une action en désaveu. « Le mari « ne pourra, en alléguant son impuissance natu- « relle, désavouer l'enfant. » Telle est la règle édictée par l'art. 313 (1re partie) du Code Napoléon. Le projet de Code avait concédé un certain effet à cette impuissance ; elle pouvait, dans le cas de recel de la naissance, être invoquée par le mari (art. 1 du projet, Fenet, X, p. 90) Sur les observations du Tribunat, cet effet lui-même fut enlevé à l'impuissance naturelle. L'impossibilité d'établir ce fait avec quelque certitude, les scandales qui auraient été amenés par cette preuve, l'expérience des siècles passés ont conduit le législateur à rejeter l'impuissance naturelle du nombre des causes de désaveu. C'est ainsi que M. Bigot-Préameneu justifie la disposition de l'art. 315 (Fenet, X, p. 136 et 137).

Deuxième cas de désaveu. — Adultère de la femme et recel de la naissance de l'enfant. — L'infidélité de la femme n'entraîne pas comme conséquence nécessaire la non paternité du mari; dans le doute la loi devait statuer en faveur de l'enfant. « Nam non utique crimen adulterii quod « mulieri objicitur, infanti præjudicat, cum possit « et illa adultera esse, et impubes defunctum pa- « trem habuisse » (Dig. l. 11, §9, ad leg. Jul. de adulter.). De là le principe consacré par l'art. 313 : « il (le mari) ne pourra le désavouer, même « pour cause d'adultère. » La mère déclarât-elle que le mari n'est pas le père de l'enfant, cet aveu n'ébranlerait en rien la présomption de la loi : il peut être erroné, il peut être dicté par un sentiment de haine, de vengeance; l'état de l'enfant ne saurait dépendre d'un pareil témoignage (Dig. l. 20, § 1, de Probat.).

Si au fait de l'adultère vient se joindre cette circonstance que la femme a dissimulé sa grossesse, a tenu secret son accouchement, les manœuvres employées par elle pour voiler un fait dont elle se serait enorgueillie, si sa conduite eût été irréprochable, constituent un aveu indirect que la loi ne pouvait manquer de prendre en considération (M. Bigot-Préameneu, Exposé des motifs, Fenet, X, p. 157). Cependant peut-être l'opinion de la mère n'est-elle pas fondée : peut-être le mystère dont elle s'est entourée, est-il l'effet de la crainte que lui inspire un mari violent et soupçonneux ; peut-être l'enfant a-t-il été conçu des œuvres du mari. Aussi l'admissibilité du désaveu n'est-elle pas soumise pour le mari à la seule condition d'établir l'adultère de la femme et le recel de la naissance, il faut encore que le mari complète la justification de sa demande en prouvant que, moralement, aucun rapport n'a pu avoir lieu entre lui et sa femme au moment de la conception, bien que physiquement la cohabitation ait été possible.

« Il ne pourra le désavouer, même pour cause
« d'adultère, à moins que la naissance ne lui ait
« été cachée, auquel cas il sera admis à proposer
« tous les faits propres à justifier qu'il n'est pas
« le père de l'enfant » (C. Nap., art. 313).

Trois preuves distinctes incombent donc au demandeur en désaveu : 1° preuve de l'adultère ; 2° preuve du recel de la naissance ; 3° preuve des faits propres à justifier de la non paternité du mari.

La preuve de l'adultère résultera de la constatation du flagrant délit, de lettres ou autres pièces écrites émanées soit de la femme, soit de son complice, ou même de simples présomptions, car ce n'est qu'à l'égard du complice de la femme que la loi exige certaines preuves spéciales (C. pénal, art. 338). Mais ces présomptions, selon nous, doivent être puisées dans des faits se rattachant immédiatement à l'adultère lui-même, telles seraient par exemple des liaisons intimes entre la femme et un étranger. L'adultère est ici, quand il y a eu recel de la naissance, une cause de désaveu, il doit donc être établi d'une manière précise et principale par la preuve d'un commerce criminel entretenu par la femme. On ne peut l'induire de toute espèce de faits tendant à prouver que le mari n'est pas le père. Et, à notre avis, ce n'est pas d'un adultère quelconque que le mari est tenu de fournir la preuve. L'adultère donnant ouverture au désaveu doit coïncider avec le moment où légalement a pu avoir lieu la conception. L'art. 313, en rapprochant l'adultère du recel de la naissance entend évidemment parler d'un adultère dont la naissance est probablement le résultat. Comment, d'ailleurs, déduire la non paternité du mari d'un adultère commis à une époque éloignée des cent vingt-et-un jours dans lesquels la conception a été possible? Une telle présomption serait beaucoup trop défavorable à l'enfant, elle n'a pu se présenter à l'esprit du législateur. Toutefois si le mari établissait un adultère précédant de peu le temps de la conception légale, cette preuve corroborée par celle du recélement de la naissance, donnerait une grande force aux indices, si légers qu'ils fussent, de la continuation des relations coupables pendant les cent vingt-un jours, et permettrait aux juges d'en conclure l'existence de l'adultère à cette dernière époque.

Le recel de la naissance, de même que l'adultère, sera démontré par tous les modes de preuve reconnus par la loi. L'inscription de l'enfant sur le registre de l'état civil comme né de père et mère inconnus sera fréquemment une des circonstances propres à établir ce second fait. Il y a recel, dans le sens de la loi, lorsque la femme a caché son accouchement, ou même lorsqu'elle a célé sa grossesse au mari : la dissimulation de la grossesse élève contre la fidélité de la femme une présomption tout aussi grave que le recélement de la naissance. C'est au mari à prouver le recel, c'est-à-dire les manœuvres employées par sa femme pour lui faire ignorer sa grossesse et son accouchement. Delvincourt (note 11, p. 88) énonce donc une erreur lorsqu'il prétend que cette preuve étant celle de l'ignorance du mari ne doit pas être exigée de lui, parce qu'elle est la preuve d'un fait négatif. Cette raison, peu satisfaisante du reste, ne peut être donnée puisque le recel par la femme et l'ignorance du mari sont deux choses parfaitement distinctes.

Quant à l'impossibilité morale de cohabitation, la mésintelligence entre les époux au moment de la conception, le grand âge, l'état de santé du mari, pourront la faire présumer. L'appréciation des faits allégués par le mari et que l'enfant peut contester, est abandonnée par la loi aux tribunaux. Or dès là qu'il y a liberté d'appréciation, il y a pour le juge liberté de décision ; il peut donc, si les faits ne lui semblent pas suffisamment probants, rejeter la demande en désaveu. En d'autres termes, ici le désaveu n'est plus péremptoire.

Dans quel ordre les trois faits dont la preuve est mise à la charge du mari, devront-ils être présentés ? Le mari doit-il préalablement établir l'adultère et le recel de la naissance avant d'être reçu à discuter les autres circonstances à l'aide desquelles il justifiera de sa non paternité ? Nous le croyons. En effet, dire : « le mari ne pourra « désavouer l'enfant, même pour cause d'adul-« tère, à moins que la naissance ne lui ait été « cachée, auquel il sera admis, etc... » c'est dire, sans aucune équivoque : l'enfant pourra être désavoué pour cause d'adultère, lorsque la naissance aura été cachée. Si donc le désaveu n'est recevable qu'autant que ces deux circonstances se trouveront réunies, chacune d'elles doit être prouvée préalablement aux faits justificatifs de la non paternité du mari. Le texte même de l'art. 313, texte clair s'il en fut, vient donc à l'appui de la doctrine que nous adoptons. Quelques doutes subsistent-ils encore ? les orateurs du gouvernement et du Tribunat vont les dissiper. « Le projet de loi, dit le tribun Duveyrier, devant « le Corps législatif, n'introduit qu'une cause « d'impossibilité morale ; il ne l'admet que sou- « mise *à trois conditions précises et littérales.* — « *...Il faut que l'adultère soit constant*, et il ne « peut l'être que par un jugement public. — Il « faut que la femme ait caché à son mari la « naissance de l'enfant adultérin. — *Et ces deux* « *conditions remplies*, il faut encore que le mari « présente la preuve des faits propres à justifier « qu'un autre est le père de l'enfant » (Fenet, X, p. 216 et 217). M. Bigot-Préameneu n'est pas moins explicite. « Cependant, *si la femme* « *ayant été condamnée pour adultère* avait ca- « ché à son mari la naissance de cet enfant, cette « conduite deviendrait un témoignage d'un « grand poids. — Comment repousser un mari « qui, ayant fait déclarer sa femme adultère, ver- « rait après coup et peut-être même après la mort « de sa femme cet enfant se présenter comme « étant né de son mariage » (Fenet, X, p. 137).

Tel est encore le sens dans lequel le tribun Lahary entendait l'art. 313 (Fenet, X, p. 162). Toutefois, la loi n'impose pas au mari, comme l'a avancé un auteur, et comme semblent le dire les orateurs dont nous venons de citer les paroles, la nécessité de faire constater l'adultère par un jugement spécial, avant d'intenter sa désaveu. Exiger cette condition, ce serait, tout en permettant au mari de repousser la paternité, lui retirer la faculté du désaveu. La loi limite, en effet, à deux mois, à compter de la découverte du recel, le délai dans lequel, sous peine de déchéance, doit être formée l'action du mari (C. Nap., art. 316). Or, il arriverait rarement que la poursuite, dirigée contre la femme, fût définitivement jugée dans un intervalle aussi restreint. La demande en désaveu est donc reçue avant aucune preuve, mais à la charge pour le mari de prouver, dans le cours de l'instance, l'adultère, le recel de la naissance, et l'impossibilité morale de cohabitation. En admettant cette solution, ne faudrait-il pas au moins que le tribunal statuât sur l'adultère et le recel par un jugement spécial rendu incidemment? La loi ne le dit pas, et, comme cette procédure n'aurait d'autre résultat que des lenteurs et des frais inutiles, nous n'hésitons pas à la repousser.

La doctrine que nous avons exposée n'est pas

sans soulever de vives oppositions. Selon de graves autorités, le recel de la naissance est le seul fait dont la preuve préalable soit réclamée par la loi pour l'admissibilité du désaveu. Dans la jurisprudence cette opinion se présente sous cette forme d'argumentation: la preuve juridique de l'adultère est absolument sans objet, la preuve que le mari n'est pas le père de l'enfant ne pouvant être faite sans emporter nécessairement celle de l'adultère de la femme. Tels sont les motifs d'un arrêt de rejet du 25 janvier 1831 (Sirey, I, p. 85). L'interprétation donnée à la loi par la Cour de Cassation est en contradiction manifeste avec le texte. Aux termes bien formels de l'art. 313, c'est l'adultère qui, réuni au recel de la naissance, constitue la base du désaveu. Quel serait, en effet, le sens des mots *même pour cause d'adultère*, s'ils n'avaient la portée que nous leur reconnaissons. Or, selon la Cour de Cassation, l'adultère ne serait plus que la conséquence du désaveu dont il doit être la cause. Les auteurs qui se sont ralliés à la doctrine de la jurisprudence ont senti le vice de ce mode de raisonnement, ils ont eu recours à d'autres arguments. Si la loi, disent-ils, exigeait la preuve préalable et principale de l'adultère, peu importerait que cette preuve fût ou non la conséquence d'une autre preuve qu'elle seule rendrait admissible. Mais l'art. 313 n'impose pas au mari l'obligation de cette preuve préalable; il se borne à déclarer que l'adultère, qui, en principe, ne peut être invoqué comme fait justificatif du désaveu, pourra l'être lorsqu'il y aura eu recel de la naissance : car la loi dit *pourra* et non *devra*. Ce n'est pas à dire que la preuve de l'adultère soit ici superflue; elle sera fort utile, mais comme moyen propre à assurer le triomphe du désaveu, non comme condition de la recevabilité de cette action; et la loi, ne prescrivant aucun mode spécial quant à la manière dont cette preuve devra être fournie, le mari la fera, comme il le pourra, soit directement, soit indirectement. Or, parmi les preuves indirectes viennent, au premier rang, les faits d'où l'on peut induire la non paternité du mari. On arrive ainsi à conclure que la cause d'ouverture du désaveu est uniquement le recel de la naissance. A l'appui de cette interprétation, on invoque les travaux préparatoires. Dans le projet rédigé par la section de législation, un article (art. 4) indiquait les faits pouvant servir de fondement au désaveu; un autre article (art. 1er) énumérait les circonstances que la loi rejetait comme causes de désaveu, et parmi ces dernières figuraient l'impuissance soit naturelle, soit accidentelle, et l'adultère, sans aucune réserve pour le cas où il y aurait eu recélement de la naissance. Le 16 brumaire an X (séance des sections réunies), ce projet reçut deux modifications : d'une part, l'impuissance accidentelle prit rang parmi les causes d'impossibilité physique de cohabitation; d'autre part, sur la proposition du premier consul appuyée par M. Tronchet, le conseil d'État adopta, en principe, sous le nom d'*exception résultant de la grossesse cachée*, une nouvelle cause de désaveu. Et dans la discussion, la seule circonstance dont se soit préoccupé le législateur est celle du recélement de la naissance (Fenet, X, p. 43 et 44). Si donc l'économie première du projet se fût maintenue, cette nouvelle cause de désaveu eût pris place à côté de l'impossibilité physique de cohabitation, il n'y eût eu aucun rapprochement entre le fait de l'adultère et celui du recel. Il n'en fut pas ainsi. Le rédacteur jugea convenable d'exprimer, immédiatement après la règle posant la présomption de paternité, les exceptions subies par cette règle. De là une fusion entre les art. 1er et 2 du projet; de là les art 312 et 313 actuels. Rien n'indique qu'à ce changement de rédaction ait correspondu un changement dans la pensée du législateur. Le rapprochement du recel et de l'adultère ne peut donc être attribué qu'à un entraînement de rédaction dont il est facile de se rendre compte, car la preuve de l'adultère sera de la plus haute importance sur l'issue du désaveu.

Cette nouvelle interprétation aboutit en définitive à déclarer suffisante une preuve de l'adultère ne reposant que sur les faits justificatifs de la
non paternité du mari, et à reconnaître avec la
jurisprudence que la preuve de l'adultère est
surabondante ; qu'au lieu de trois preuves à faire,
il n'y en a que deux : celle du recélement de la
naissance, celle de la non paternité. Sans doute,
lorsque le mari démontre d'une manière invin-
cible sa non paternité par l'impossibilité physique
de cohabitation à l'époque de la conception légale,
cas prévu par l'art. 312, 2e al., la preuve de
l'adultère serait superflue, car elle découle forcé-
ment du désaveu. Mais toute autre est l'hypothèse de l'art. 313 ; le mari ne peut plus établir
rigoureusement sa non paternité, il ne peut que
la rendre vraisemblable. Le recel de la naissance,
l'impossibilité morale de cohabitation donneront
bien un certain degré de probabilité à l'illégitimité de l'enfant ; cette probabilité deviendra
certainement plus forte encore lorsque le mari
prouvera d'une manière précise et principale
l'existence de relations coupables entre sa femme
et un étranger au moment où peut se placer la
conception. Dès-lors la preuve juridique de l'adultère, loin d'être inutile sera, au contraire, d'un
très-grand poids dans l'instance en désaveu. Nous
opposera-t-on que la loi n'exige pas impérati-
vement la preuve de l'adultère ? Nous répondrons.

la loi concède au mari une faculté, mais quelle est cette faculté ? le législateur n'entend pas dire. que le mari pourra ou non prouver l'adultère, il dit que le mari pourra désavouer pour cause d'adultère : le terme facultatif *pourra* ne tombe pas sur le mot *adultère*, c'est avec le mot *désavouer* qu'il est en relation Quant à l'objection puisée dans les travaux préparatoires, remarquons que l'amendement proposé par le premier consul faisait du seul recel de la naissance une cause de désaveu : outre cette circonstance, et sans que l'on puisse saisir dans la discussion aucune trace de cette exigence, la rédaction actuelle veut que le mari prouve l'impossibilité morale de cohabitation. Cette addition n'a pu être irréfléchie; n'est-il pas naturel alors de supposer que la mention de l'adultère, au lieu d'être due à un entraînement de rédaction, a été elle-même introduite en connaissance de cause dans l'art 313? Cette conjecture ne devient-elle pas d'autant plus probable que notre article fut adopté dans sa teneur actuelle, à deux reprises différentes (Fenet, X, p. 96 et 108), sans donner lieu à aucune réclamation? Notre explication offre, du moins, l'avantage de respecter et le texte de l'art. 313 et le commentaire qu'en ont fait les orateurs du gouvernement au Tribunat, et le Tribunat lui-même (Fenet, X, p. 118).

Troisième cas de désaveu. — *Séparation de*

corps prononcée ou seulement demandée. — Dans
le projet du Code, la présomption de paternité
était inapplicable au cas de séparation de corps ;
mais l'enfant pouvait établir la réunion des époux
postérieurement au jugement de séparation (Fenet, X, p 11). Le consul Cambacérès et le premier consul combattirent cette rédaction en soutenant que la réunion des époux n'était pas
impossible. Le résultat de ces observations fut
l'ajournement de la question jusqu'au moment où
l'on s'occuperait de règlementer la séparation de
corps. Ce moment arrivé, elle ne reparut plus. De
là, sous l'empire du Code Napoléon, ce principe
que la séparation de corps ne saurait suffire à elle
seule pour autoriser le mari à désavouer l'enfant
dont la femme serait accouchée. Cependant, si la
séparation de corps ne brise pas le lien conjugal,
si elle laisse subsister l'obligation de fidélité, elle
enlève, du moins, à la présomption de paternité
sa base principale en faisant cesser pour les époux
l'obligation de vivre en commun. En fait, l'existence de rapports entre les époux, une fois la
séparation de corps prononcée, présente peu de
probabilité. Nonobstant cette improbabilité, sous
cette législation, la femme pouvait vivre publiquement dans l'adultère et imposer au mari la paternité des enfants auxquels elle donnait le jour. Le
désaveu n'était, en effet, ouvert au mari qu'à la

condition d'établir soit l'impossibilité physique de cohabitation (C. Nap., art. 312), soit l'adultère de sa femme et le recel de la naissance de l'enfant (C. Nap., art. 313) ; or, il dépendait de la femme, en évitant de lui cacher sa grossesse, de lui fermer cette dernière cause de désaveu. Le silence du Code consacrait donc un état de choses qui réclamait l'intervention du législateur. Tant que le divorce subsista, la nécessité ne s'en fit pas sentir, car le mari trouvait dans cette ressource extrême le moyen d'échapper aux conséquences des désordres de sa femme. Mais la loi du 8 mai 1816 vint lui enlever encore cette faculté. Depuis cette époque, divers projets de lois, modifiant au cas de séparation de corps la présomption de l'art. 312, soumis à la Chambre des Pairs, adoptés par cette assemblée, vinrent échouer à la Chambre des Députés. Enfin en 1850 une proposition nouvelle, due à l'initiative de M. Demante, aboutit à un résultat plus heureux que ses devancières. Selon cette proposition, le mari était recevable, en cas de séparation de corps prononcée, à désavouer l'enfant né trois cents jours après l'ordonnance du président (C. proc. art. 878) permettant à la femme de quitter le domicile matrimonial. Le désaveu n'était pas péremptoire : le mari devait proposer tous les faits propres à repousser la paternité : c'était aux juges à statuer sur les moyens présen-

tés. La commission chargée de l'examen de ce
projet l'adopta avec une seule modification ; elle
attacha à l'instance en séparation de corps l'effet
qui ne lui était attribué par la proposition qu'autant que la séparation aurait été prononcée par le
jugement à intervenir. De là cette rédaction. « Il
« sera ajouté à l'art. 313 du Code civil un para-
« graphe ainsi conçu : Le même droit (le droit
« dont parle l'art. 313 *in fine*) appartiendra au
« mari indépendamment du recel de la naissance,
« si les époux sont séparés de corps, ou s'il y a
« eu seulement instance en séparation, pourvu
« que l'enfant soit né trois cents jours après l'or-
« donnance du président rendue aux termes de
« l'art. 878 du Code de procédure civile, et moins
« de cent quatre-vingts jours depuis le rejet défi-
« nitif de la demande, ou depuis la réconcilia-
« tion. » A la troisième lecture du projet, MM. Valette et de Vatimesnil présentèrent un amendement devenu la loi du 6 décembre 1850 et for-
mant le § 2 de l'art. 313. Il est ainsi conçu : « En
« cas de séparation de corps prononcée ou même
« demandée, le mari pourra désavouer l'enfant
« qui sera né trois cents jours après l'ordonnance
« du président rendue aux termes de l'art. 878
« du Code de procédure, et moins de cent quatre-
« vingts jours depuis le rejet définitif de la de-
« mande, ou depuis la réconciliation. — L'action

« en désaveu ne sera pas admise, s'il y a eu réu-
« nion de fait entre les époux. » Signalons avant
tout une légère inexactitude dans la rédaction de
l'alinéa ajouté à l'art. 313. Aux termes de cette
disposition le mari peut désavouer l'enfant *né
moins de cent quatre-vingts jours* depuis le rejet
définitif de la demande, ou la réconciliation des
époux. Or, l'expression *moins de cent quatre-
vingts jours* signifie qu'il faut que cent quatre-
vingts jours se soient écoulés pour que l'état de
l'enfant ne puisse plus être contesté. L'enfant
se trouve donc par là privé d'un jour qui, d'après
les art. 312, 2ᵉ al. et 314, lui appartient ; car ces
articles refusent au mari le droit de désavouer
l'enfant né le cent quatre-vingtième jour soit depuis la célébration du mariage, soit depuis la ces-
sation de l'impossibilité physique de cohabitation.
Il eût fallu dire : *et avant le cent quatre-vingtième jour*, etc...

Voyons maintenant quel est l'effet du changement apporté dans l'économie première du projet
par l'amendement de MM. Valette et de Vatimesnil. Dans la proposition de M. Demante, la réunion des époux était, sauf la preuve contraire
réservée au mari, le fait présumé par la loi : dans
la rédaction actuelle, la présomption de la loi est
la non réunion des époux ; le mari n'a pas à prouver qu'il n'est intervenu aucun rapprochement

entre lui et sa femme, c'est à l'enfant à rapporter la preuve d'un fait de ce genre. La loi du 6 décembre 1850 s'écarte à un autre point de vue encore du projet émané de M. Demante. Suivant ce projet, le mari déniant sa paternité devait justifier sa prétention par des faits dont l'appréciation était abandonnée aux tribunaux; d'après la loi, il suffit au mari de prouver que l'enfant est né trois cents jours avant l'ordonnance du président, et avant le cent-quatre-vingtième jour depuis le rejet de la demande en séparation, ou la réconciliation des époux; le désaveu est devenu péremptoire. Toutefois, bien que péremptoire, ce désaveu, à la différence de celui de l'article 312, 2e alinéa, admet la preuve contraire, car l'enfant peut établir qu'il y a eu réunion de fait entre les époux.

Nous avons ainsi parcouru les divers cas dans lesquels le mari est recevable à repousser la paternité, lorsque la preuve de la maternité résulte de l'acte de naissance. Une dernière question nous reste à examiner. Le mari pourrait-il toujours, dans les cas où cette faculté lui est accordée, exercer l'action en désaveu? Pourrait-il désavouer un enfant mort né, un enfant déclaré non viable? Poser cette question c'est la résoudre : quel serait, en effet, l'intérêt du mari à intenter un désaveu contre un enfant qui n'a jamais eu aucun droit? Comment procéderait-il d'ailleurs? le désaveu doit être dirigé contre l'enfant ou un tuteur *ad hoc*; or peut-on concevoir une procédure contre une personne qui n'a pas existé, ou est réputée n'avoir pas existé? On a cependant admis la possibilité du désaveu à l'égard de l'enfant déclaré non viable. Le mari a intérêt, dit-on, à désavouer cet enfant, car l'adultère de la femme se trouvera par là constaté, ce qui permettra de demander contre elle la séparation de corps. Nous répondons: Les faits sur lesquels le mari voudrait fonder son désaveu pourront être, nous le croyons, utilement invoqués par lui pour fournir la preuve de l'adultère commis par sa femme, mais dans une instance dirigée contre cette dernière, non dans une instance dirigée contre l'enfant; il ne peut être question de désaveu, lorsqu'il n'y a personne à désavouer.

§ 2. Cas où la preuve de la maternité est le résultat d'une décision judiciaire.

Bien que la preuve de la maternité soit le résultat de la décision judiciaire intervenue sur l'action en réclamation d'état exercée par l'enfant, celui-ci n'a pas à faire la preuve de la paternité ; il peut encore se placer sous la protection de la règle de l'art. 312. C'est à ses adversaires à prouver qu'il n'est pas l'enfant du mari. Mais cette circonstance, que l'enfant ne parvient à établir sa filiation maternelle que par le moyen d'une enquête, fait supposer le plus souvent la perpétration d'un crime, du crime de suppression d'état. Or, ce crime n'eût pas été commis, si la mère eût eu le sentiment de son innocence. La paternité du mari devient donc des plus incertaines : la force de la présomption de l'art. 312, 1er al., se trouve grandement atténuée. Dans une semblable situation, la loi devait se départir de la rigueur avec laquelle elle accueille la preuve de non paternité du mari, lorsque l'enfant établit la maternité à l'aide du mode ordinaire, l'acte de naissance. Tel est aussi le principe posé par le législateur dans l'art. 325 *in fine* : « La preuve « contraire pourra se faire par tous les moyens « propres à établir.... ou même, la maternité « prouvée, qu'il n'est pas l'enfant du mari de la « mère» Ici donc le mari ou ses héritiers, adversaires de l'enfant, pourront, sans être obligés de prouver aucun des faits spécifiés dans les art. 312, 2e al., et 313, repousser la présomption de paternité par tous les moyens propres à justifier que le mari n'est pas le père. Au reste, cette preuve contraire, réservée par l'art. 325 *in fine* au mari ou à ses héritiers, n'est recevable qu'autant que la maternité se trouve déjà *prouvée*; car c'est seulement alors que la présomption de paternité commence à exister.

Ainsi, dans notre opinion, la défense à l'action en réclamation d'état se présente comme une sorte de désaveu dont l'admissibilité n'est soumise à aucune condition particulière. Tout le monde ne donne pas aux derniers mots de l'article 325 le sens que nous croyons devoir leur attribuer. L'un des rédacteurs du Code Napoléon, M. Maleville, voit simplement dans notre article une application des principes consacrés dans les articles 312, 2e al., et 313. « La preuve contraire de la paternité, dit-il, sera faite par les *moyens propres* à établir que le mari n'est pas le père; or, ces moyens sont précisément ceux dont il est parlé aux articles 312, 2e al., et 313. » Avouons que si telle eût été la pensée du législateur, l'article 325 serait parfaitement inutile. De plus, le texte de la loi résiste, ce nous semble, à cette interprétation; car, en employant la même expression pour désigner les moyens propres à fournir la preuve contraire de la paternité et de la maternité, l'article entend vraisemblablement parler de moyens analogues dans les deux hypothèses.

Suivant une autre interprétation, il s'agirait, dans l'art. 325, du cas où l'enfant a établi la maternité, mais à l'égard de la mère seulement ou de ses héritiers, sans avoir appelé en cause le mari ou ses héritiers. Ces derniers seraient alors reçus, conformément au principe : *Res inter alios judicata aliis neque nocet, neque p odest*, à proposer contre l'enfant, prétendant se prévaloir contre eux du jugement intervenu en sa faveur, tous les faits d'où résulterait la preuve que le réclamant n'a pas pour mère la femme du mari. C'est, dit-on, avec la plus grande justice que la loi ne veut pas que l'enfant fasse peser sur le mari ou ses héritiers un jugement obtenu contre la femme ou ses héritiers, peut-être par suite de leur négligence ou d'une collusion frauduleuse. Telle est, ajoute-t-on, la manière dont l'art. 325 était entendu par le Tribunat auquel est due la rédaction actuelle (Fenet, X, p. 123 et 124).

Sans contester en aucune façon les principes exposés dans ce second système, nous ne le regardons pas comme mieux fondé que le premier. D'une part, en n'attachant aucune signification particulière à la disposition finale de l'art. 325, il fait exprimer à cet article une doctrine qui découlait suffisamment des principes relatifs à l'effet de la chose jugée (C. Nap., art. 1351). D'autre part, il est en opposition avec le texte même de notre article, *in fine*. Ce texte suppose, en effet, *la maternité prouvée*, et cela, soit dans l'instance dirigée contre la mère, le mari appelé en cause , soit dans une seconde instance dirigée contre le mari; ce point de départ fixé, la loi vient au secours du mari sur lequel va incomber la présomption de paternité; elle lui permet de dénier la paternité en alléguant tous les faits propres à établir que l'enfant ne lui appartient pas. Les travaux préparatoires ne laissent d'ailleurs aucun doute sur ce point. Dans la séance du 16 brumaire an X, le premier consul, proposant une rédaction nouvelle de l'art. 3 du projet (323, actuel) disait: « Si « alors, il est admis à prouver qu'il est le fils de la « femme, et qu'il réussisse dans cette preuve, s'en- « suivra-t-il de plein droit qu'il est le fils du mari? « Ce dernier fait n'est certainement pas la con- « séquence nécessaire du premier; la loi ne doit « donc pas l'admettre comme tel : elle doit seule- « ment autoriser le réclamant à soutenir qu'il est « le fils du mari, comme il l'est de la femme, et « permettre aux héritiers de faire la preuve con- « traire. » (Fenet, X, p. 35.) Plus loin, M. Boulay lui demandant si son idée était qu'à défaut de titre et de possession, l'enfant, après avoir prouvé qu'il est né de la femme, fût obligé de prouver qu'il est né aussi du mari, le premier consul répond: « que ce n'est pas là son idée. Il pense que l'obli- « gation de faire la preuve doit retomber sur les « héritiers du mari. « L'enfant prouve qu'il est

« né de la femme; les héritiers prouvent que ce-
« pendant il n'appartient pas au mari : les deux
« actions marchent simultanément. » (Fenet, X,
p. 59.) Enfin M. Tronchet vient compléter la
démonstration : « les héritiers peuvent opposer
« à la réclamation de l'enfant toutes les circons-
« tances qui la combattent. Il leur sera donc per-
« mis de soutenir que la preuve de la maternité
« ne justifie pas que l'enfant appartienne au père...
« La loi exprimera ce droit des héritiers... Les
« héritiers doivent être admis à faire valoir toutes
« les exceptions, il convient de laisser une grande
« latitude aux tribunaux. »(Fenet, X, p. 59 et 40.)
N'est-ce pas la consécration formelle de la doctrine que nous soutenons? Lorsque l'esprit de la
loi est révélé d'une manière aussi nette, n'est-on
pas amené à conclure que le Tribunat s'est mépris
sur la portée de l'art. 325 et que le changement
peu important (Conf. Fenet, X, p. 32 et 101, art.
14 du projet et 523) qu'il a introduit dans la rédaction définitive n'a modifié en rien la pensée
première du législateur ?

L'art. 325 *in fine* apporte donc à la règle: *Pater
is est quem nuptiæ demonstrant*, une nouvelle
exception plus large que celle des art. 312, 2e al.
et 313. Sur quels motifs s'appuie cette dérogation? Nous les avons indiqués : ils sont identiques
à ceux sur lesquels repose la disposition de l'art.

313. Cependant quelquefois on justifie par d'autres considérations la règle de l'art. 325 *in fine*. Lorsque, dit-on, la maternité n'est prouvée que par la présomption légale qui découle d'une décision judiciaire, elle ne peut plus servir elle-même de base à la preuve légale de la paternité : *Consequentiæ non est consequentia*. C'est ainsi, ajoute-t-on, qu'on ne peut employer, comme pièce de comparaison dans une procédure en vérification d'écriture, une pièce déjà vérifiée judiciairement et que la partie à laquelle elle est opposée ne reconnaît pas (C. proc., art. 200).

Nous ne pouvons admettre que tel soit le motif de l'art. 325 *in fine*. Pour le législateur, la présomption de vérité attachée à la chose jugée équivaut à la vérité elle-même. Il résulterait, du reste, logiquement, de l'explication proposée que la plus simple contestation élevée contre l'enfant qui rapporte un acte de naissance, par exemple la dénégation de son identité, suffirait pour enlever à la présomption de l'art. 312 1er al., une grande partie de sa force. La maternité se trouverait constatée par un jugement, elle ne pourrait donc plus servir de fondement à la preuve légale de la paternité. Ce résultat est évidemment inadmissible ; nous nous en tenons donc aux raisons que nous avons données.

SECTION III.

Preuve simultanée de la paternité et de la maternité.

En général, l'exercice d'un droit, la possession, fait présumer chez la personne qui l'exerce l'existence même du droit, et dispense cette personne de toute preuve autre que celle de la possession. La loi reconnaît pour vrais les faits qui, dans les rapports ordinaires des hommes, constituent la règle, l'ordre normal : elle ne présume pas les faits extraordinaires, en dehors de la règle. C'est ainsi que, dans l'ordre physique, lorsqu'une personne opère sur un fonds des actes de propriétaire, elle est regardée jusqu'à la preuve contraire comme propriétaire de ce fonds. Cette idée est appliquée par la loi à la filiation, à la relation qui nous unit à notre père, à notre mère. Quels seront, en cette matière, les faits d'où résultera la possession ? « La possession d'é-
« tat s'établit par une réunion suffisante de faits
« qui indiquent le rapport de filiation et de pa-
« ternité entre un individu et la famille à laquelle
« il prétend appartenir. — Les principaux de
« ces faits sont ; — que l'individu a toujours porté
« le nom du père auquel il prétend appartenir ; —
« que le père l'a traité comme son enfant et a

« pourvu, en cette qualité, à son entretien et à
» son établissement; — qu'il a été reconnu cons-
« tamment pour tel dans la société ; — qu'il a été
« reconnu pour tel par la famille » (C. Nap.,
art. 312). Ces faits correspondent à ces trois
termes formulés par les anciens commentateurs :
nomen, tractatus, fama. Ce sont là, en effet, les
signes extérieurs de la légitimité ; mais la loi n'indique que les principaux, il en pourrait être offert
d'autres, comme aussi quelques-uns seulement de
ceux qu'elle énumère pourraient être présentés
avec succès.

Eh bien, telle est la force de cette possession,
désignée sous le nom de *possession d'état,* que
lorsqu'un enfant pourra s'en prévaloir, elle suffira à elle seule pour prouver la filiation : « A dé-
« faut de ce titre (l'acte de naissance) la possession
« constante de l'état d'enfant légitime suffit »
Code Nap., art. 321). Sans doute, de ce que deux
personnes mariées ont donné leur nom à un enfant, l'ont élevé, entretenu comme leur enfant,
l'ont présenté comme tel à leur famille, à la société, il n'est pas invinciblement démontré que
cet enfant leur appartient. Il n'y a là qu'une
simple probabilité. Mais il s'agit ici d'un être qui
a reçu, qui n'a rien exigé : cette possession d'état
sur laquelle il s'appuie, il la tient de ceux-là mêmes
qui auraient dû le rejeter de la famille s'il n'était

pas enfant légitime. Dès lors, il sera rare que l'enfant n'ait pas la filiation que lui confère sa possession d'état ; le législateur pouvait donc admettre cette possession comme moyen d'établir la filiation jusqu'à preuve contraire.

L'effet attaché par la loi à la présomption résultant de la possession d'état est subordonné à la condition que cette possession réunisse certains caractères spécifiés. Et d'abord elle doit être *constante*. Qu'est-ce à dire ? Ce terme *constante* se prend dans une double acception. Il peut signifier *certaine, démontrée* ; il peut aussi avoir le sens de *continue, non interrompue*. La nécessité de la première de ces conditions est trop évidente pour que la loi ait cru indispensable de l'énoncer ; il faut donc nous en tenir au dernier sens. Le législateur veut que la possession d'état commence à la naissance de l'enfant et se continue par une série de faits non interrompue. C'est là ce qui ressort de ces indications de l'art. 321 : « ...*que* « *l'enfant a* toujours *porté... qu'il a été reconnu* « *constamment pour tel.* » Si l'enfant repoussé de la famille dès sa naissance avait à une époque postérieure été traité comme enfant légitime, cette seconde possession contredite par la première ne pourrait lui servir à prouver sa filiation. Autrement il serait trop facile d'éluder les règles concernant l'adoption (C. Nap., art. 313 et suiv.).

Cependant nous ne pensons pas que la possession d'état une fois acquise ne puisse se conserver que par la continuation sans intervalle des faits qui l'auraient d'abord constituée. Il ne faudrait pas, à notre avis, que les faits survenus depuis eussent été destructifs de la possession même. C'est là, du reste, une question de fait dont la solution dépendra des circonstances particulières de la cause.

En second lieu, la possession d'état doit exister simultanément à l'égard du père et de la mère. L'enfant ne saurait se borner à justifier de la possession d'état vis-à-vis la mère seulement et se placer ensuite pour établir sa filiation paternelle sous la protection de l'article 312, 1er alinéa. L'aveu de la mère ne prouverait point la paternité, comment l'aveu indirect procédant de la possession d'état pourrait-il produire cet effet ? Il ne faut pas, en notre matière, perdre de vue ces deux points : 1° qu'il s'agit de la preuve de *la filiation légitime*; 2° que cette preuve réside dans le fait, dans l'exercice de l'état d'enfant légitime; or si, en droit, il est possible de concevoir une preuve de la maternité légitime qui ne le soit pas de la paternité du mari de la mère, il nous semble impossible de le concevoir en fait; il nous paraît impossible de comprendre une possession d'état d'enfant légitime existant à l'égard de la mère seule. En effet, un enfant a l'état d'enfant légitime lorsqu'il se rattache aux deux époux, la possession de l'état d'enfant légitime doit donc être l'image de cet état et mettre dès lors l'enfant en relation et avec le père et avec la mère. Aussi l'article 321 rapporte-t-il constamment au père les faits constitutifs de la ...sion d'état; ce n'est pas à dire que cette possession puisse être étrangère à la participation de la mère, car sans l'intervention de celle-ci l'enfant ne serait pas traité *dans la famille* comme un enfant légitime; mais le législateur exige aussi que la possession d'état se soit produite à l'égard du père.

Une fois établie, la possession d'état prouve le fait de la maternité, c'est-à-dire l'accouchement de la mère et l'identité de l'enfant; c'est là un avantage de ce mode de preuve sur l'acte de naissance. De plus, elle assure l'état de l'enfant relativement au père; elle rend inutile la présomption de l'art. 312, 1er al ; elle emporte même la déchéance du droit de désaveu, car les faits dont elle résulte impliquent pour le mari la reconnaissance de la paternité. Enfin, dans un cas déterminé et sous certaines conditions que nous avons indiquées (C. Nap., art. 197), elle fait preuve de la célébration du mariage, et par suite de la légitimité de l'enfant.

Tous les moyens possibles, et notamment la preuve testimoniale, seront mis en usage par l'enfant pour prouver, en cas de contestation, les faits sur lesquels il prétend asseoir sa possession d'état. Ce sera à ses adversaires à contester ces faits, ou à en proposer d'autres qui neutralisent l'effet des premiers et mettent obstacle à la constatation de la prétendue possession. La possession d'état fût-elle constatée seulement après contestation, les adversaires de l'enfant seront encore recevables, sauf dans le cas de l'art. 322, à combattre la présomption qui en dérive quant à la maternité et à la paternité, en soutenant que cette possession est mensongère, en démontrant qu'il n'est né aucun enfant du mariage des deux époux, ou en rapportant la preuve du décès de l'enfant qui en était issu.

C'est, nous dit l'article 320, *à défaut de titre* que la possession d'état peut être invoquée comme preuve de la filiation. Ainsi l'acte de naissance n'a pas été dressé, il a été détruit, mis hors d'état de servir; ou bien encore il existe, mais l'enfant ne sait où il a été reçu. La loi en déclarant que la possession d'état fait preuve de la filiation *à défaut de titre* semble dire *a contrario* que cette possession serait dénuée de toute force probante s'il était produit un acte de naissance. Cette conclusion serait fort juste dans le cas où l'acte de naissance contredirait la présomption attachée à la possession : le défaut d'harmonie entre l'état

possédé par l'enfant et le titre atténuerait consi-
dérablement la force de la possession ; et comme
l'enfant ne pourrait plus soutenir qu'il se fonde
sur la possession *à défaut de titre*, la seule voie
qui lui serait ouverte pour établir la filiation serait
la voie de l'enquête (C. Nap., art. 323). Mais lorsque la possession d'état est corroborée par un acte
de naissance conforme, l'argument *a contrario*
que l'on serait tenté de tirer de l'article 320 conduirait à une erreur. La possession d'état fait si
bien preuve alors que l'état de l'enfant est inébran-
lable : « Nul ne peut réclamer un état contraire
« à celui que lui donnent son titre de naissance
« et la possession conforme à son titre de naissan-
« ce » (C. Nap. art 322). Le concours de ces deux
modes de preuve est tellement puissant aux yeux
du législateur (dans les faits , ce cas est la règle à
laquelle tous ceux que nous avons examinés font
exception) , que l'enfant n'est pas admis à prouver qu'il a pour père et mère naturels ou légitimes
telles ou telles personnes au res que celles qui se
trouvent désignées par son titre de naissance et
sa possession d'état. En sens inverse, nul ne peut
prétendre que la filiation, qui résulte pour lui du
concours de ces deux modes de preuve, est mensongère. Cependant il n'est pas impossible que
deux personnes mariées n'ayant pas d'enfant
prennent un enfant qui ne leur appartient pas,

aillent faire à l'officier de l'état civil une déclaration de naissance frauduleuse et donnent à cet enfant la possession d'état. Mais comme ces fraudes seront peu fréquentes, la loi a pu, dans l'intérêt du repos et de la stabilité des familles, ne pas s'en occuper.

Remarquons toutefois que la fin de non recevoir de l'art. 322 n'est applicable qu'autant que l'identité de la personne dénommée dans l'acte avec celle qui possède l'état d'enfant légitime, est établie. La loi parle, en effet, d'une possession *conforme* à l'acte de naissance. Les adversaires de l'enfant seraient donc recevables à prouver, soit que l'acte a été altéré après coup pour le faire concorder avec la possession d'état, soit que l'enfant auquel se référait l'acte de naissance est décédé, et qu'il lui en a été substitué un autre. Si la substitution avait eu lieu avant la rédaction de l'acte, la possession d'état se trouvant conforme au titre, l'article 322 reprendrait son empire. — Enfin, la règle de l'article 322 a trait seulement à la preuve de *la filiation*, non à la preuve de *la légitimité*. Les adversaires de l'enfant devront donc être écoutés, si, tout en reconnaissant qu'il appartient réellement aux personnes indiquées dans l'acte de naissance, et desquelles il tient sa possession d'état, ils veulent démontrer l'inexistence d'une célébration légale de mariage entre ces personnes (sauf le cas de l'art. 107) ou la nullité de ce mariage. Quant au désaveu que voudrait intenter le mari, la raison qui, dans le cas de l'art. 320, élève contre cette action une fin de non recevoir, le repousserait aussi dans notre hypothèse.

DEUXIÈME PARTIE.

Preuve de la filiation légitime de l'enfant conçu avant le mariage.

L'enfant né avant le cent quatre-vingtième jour du mariage se trouve nécessairement avoir été conçu antérieurement à la célébration. L'application rigoureuse des règles que nous avons étudiées, conduirait donc à le déclarer illégitime. Mais il a pour lui la circonstance d'être né dans le mariage, dont sa conception a peut-être été la cause déterminante. Aussi le législateur n'hésite-t-il pas à lui conférer le bénéfice de la légitimité.

Cependant, sous un certain rapport, cet enfant n'est à proprement parler qu'un enfant légitimé. Naturel dans le sein de sa mère, il a reçu au moment de la célébration du mariage le bienfait de la légitimation, comme il eût pu le recevoir si sa naissance eût précédé cette célébration (C. Nap.,

art. 331.) Or, la légitimité de l'enfant ne pouvant
être que le résultat du mariage, la raison indique
qu'elle ne saurait remonter à une époque antérieure au jour de la célébration. De là cette conséquence que l'enfant né avant le cent quatre-vingtième jour du mariage n'a aucun droit aux successions des parents de son père ou de sa mère
qui se seraient ouvertes avant le mariage ; car s'il
était conçu au moment du décès de ces personnes,
il n'était pas leur parent légitime. Ce premier
point est généralement admis. Il suit encore de
là, selon notre opinion du moins, que, dans notre
hypothèse, de même que dans celle où le mariage
survient postérieurement à la naissance de l'enfant, la légitimation ne pourrait avoir lieu au
profit de l'enfant conçu d'un commerce adultérin
ou incestueux (C. Nap., art. 331). Ainsi, deux
parents ou alliés au degré prohibé se marient
avec dispenses, un enfant vient à leur naître
avant le cent quatre vingtième jour du mariage,
cet enfant ne sera pas légitimé ; car, si on le ré-
putait conçu des œuvres du mari de la mère, il
serait incestueux. De même, un homme devient
veuf, il se remarie peu de temps après le décès
de sa première femme, un enfant naît de sa nouvelle épouse avant le cent quatre-vingtième jour
du mariage, cet enfant n'est point légitimé ; car,
si on le présumait appartenir au mari, il serait

adultérin. La loi, en déclarant légitime l'enfant né avant le cent quatre-vingtième jour du mariage, ne suppose pas que la conception de cet enfant est réellement postérieure au mariage ; elle suppose que ses père et mère étaient mariés à l'époque de sa conception. Or, cette fiction n'est possible qu'autant que le mariage lui même était possible entre les auteurs de l'enfant. Toutefois, si le mariage était impossible, la fiction légale ne cesse pas de plein droit. Si nul ne conteste la légitimité de l'enfant, il continuera d'en jouir à la faveur du silence des parties intéressées. Il ne peut être privé de cette légitimité qu'au moyen d'une action, non pas en désaveu, mais en contestation de légitimité : il ne s'agit pas, en effet, de savoir si le mari est le père de l'enfant ; mais, si l'enfant a été conçu dans le mariage, et admet-on la paternité du mari de la mère, l'illégitimité de l'enfant n'en serait pas moins évidente. Remarquons, au reste, que l'enfant, dont la légitimité est ainsi contestée, ne doit être considéré ni comme adultérin, ni comme incestueux, mais comme naturel simple.

A part les restrictions que nous venons de signaler, l'enfant conçu avant le mariage est comme l'enfant conçu dans le mariage un enfant légitime. Cela résulte et de la discussion au Conseil d'État, et du texte de l'art. 314. Cette pensée se révèle déjà dans la rubrique même du chapitre 1er du titre de la Paternité et de la Filiation : elle porte, en effet : *de la filiation des enfants légitimes ou nés dans le mariage.* Il y a bien là une inexactitude, car cette rubrique semblerait exclure du bénéfice de la légitimité les enfants légitimes par excellence, ceux dont la conception peut avoir eu lieu dans le mariage. Mais cette inexactitude de rédaction témoigne elle-même de la préoccupation du législateur soucieux d'indiquer, dès le début de la matière qu'il allait réglementer, la faveur accordée à l'enfant dont la naissance seule se rattache au mariage : pour lui seul le doute était possible. Quant à l'enfant dont la conception serait antérieure à la célébration et la naissance postérieure à la dissolution du mariage, la rareté de l'hypothèse explique suffisamment le silence de la loi à son égard.

L'enfant dont nous nous occupons étant aux yeux de la loi un enfant légitime, il s'ensuit qu'en principe les règles relatives à la preuve de la filiation légitime proprement dite seront applicables à la preuve de la filiation de cet enfant. Et d'abord l'enfant devra établir sa légitimité. Il aura donc : 1° à prouver la célébration du mariage de celle qu'il dit être sa mère ; 2° à justifier non plus de sa conception, mais de sa naissance après la célébration du mariage. Sa légitimité prouvée, il fera la preuve de la maternité, et ce fait reconnu il se placera, comme l'enfant légitime proprement dit, sans la protection de la règle *Pater is est*…. En effet, aux termes de l'art. 314 du Code Napoléon, l'enfant dont la naissance a eu lieu avant le cent-quatre-vingtième jour du mariage doit être *désavoué* par le mari; or l'action en désaveu n'étant autre chose que l'action par laquelle le mari repousse la présomption de paternité, il faut nécessairement admettre que cette présomption existe au profit de l'enfant dont nous parlons. L'article 312, 1° al., ne mentionne formellement, il est vrai, que l'enfant conçu dans le mariage; mais l'intention du législateur a été de reproduire la règle *Pater is est* dont les termes plus larges embrassaient même l'enfant qui ne se rattache au mariage que par sa naissance. Ajoutons que d'après l'art. 2 du projet (314 actuel) l'enfant né avant le cent-quatre-vingt-sixième jour du mariage n'était plus présumé l'enfant du mariage, que cette rédaction fut combattue au Conseil d'Etat, et remplacée par la rédaction actuelle (Fenet, X, p. 11)

Quelle est ici la base de la présomption de paternité, car à l'époque de la conception il ne pouvait être question ni d'obligation de cohabitation, ni d'obligation de fidélité conjugale? Cette présomption repose sur la célébration du mariage

entre le mari et la mère de l'enfant ; la loi présume que ce mariage est la réparation d'une faute
dont la naissance de l'enfant est la conséquence;
elle voit dans ce mariage une reconnaissance de
la paternité. Cette présomption ne pouvait avoir
la même force que celle qui s'attache à l'observation d'un devoir légal. Le législateur devait se
montrer moins rigoureux quant à l'admissibilité
de la preuve contraire. De là l'art. 314 : « L'en-
« fant né avant le cent-quatre-vingtième jour du
« mariage ne pourra être désavoué par le mari
« dans les cas suivants... » Donc ici le désaveu
est la règle, tandis que dans le cas de l'art. 312,
1er alinéa, il était l'exception. Bien mieux, ce
désaveu n'exige, de la part du mari, aucune justification, aucune preuve. Il lui suffit d'établir, par
le rapprochement des dates de la célébration du
mariage et de la naissance de l'enfant, que la
conception n'a pu avoir lieu dans le mariage.
Cette preuve fournie, le juge doit inévitablement
déclarer l'enfant illégitime ; le désaveu est ici
péremptoire. Mais l'enfant désavoué n'est plus
adultérin, car la cause du désaveu est simplement
l'antériorité de sa conception au mariage, il est
dans la condition des enfants dont la filiation
paternelle est incertaine. Le désaveu du mari ne
peut être combattu par la preuve de sa paternité.
D'un côté, en effet, l'enfant ne peut prétendre

qu'il a été conçu dans le mariage, car les présomptions légales déterminant la durée de la grossesse n'admettent pas de preuve contraire. D'un autre côté, le désaveu détruit la présomption de paternité qu'avait fait naître en faveur de l'enfant sa naissance dans le mariage, l'enfant se trouve donc être naturel ; or les enfants naturels ne peuvent rechercher leur filiation paternelle (C. Nap., art. 340). Peut-être faudrait-il apporter une exception à ce principe dans le cas d'enlèvement de la mère par le mari, si l'époque possible de la conception coïncidait avec celle de l'enlèvement.

Il existe cependant des fins de non-recevoir propres à repousser l'action en désaveu intentée par le mari. Elles sont énumérées dans l'art. 314 : « L'enfant né avant le cent-quatre-vingtième « jour du mariage ne pourra être désavoué par « le mari dans les cas suivants : 1° s'il a eu connaissance de la grossesse avant le mariage ; « 2° s'il a assisté à l'acte de naissance, et si cet « acte est signé de lui, ou contient sa déclaration « qu'il ne sait signer ; 3° si l'enfant n'est pas né « viable. »

Première fin de non recevoir. — Le mari a eu connaissance de la grossesse avant le mariage. — Épouser sciemment une femme enceinte, c'est évidemment se reconnaître l'auteur de la grossesse. Mais comment l'enfant ou son tuteur prouvera-t-il que le mari a eu cette connaissance ? Le projet de Code n'accordait à l'enfant l'exception dont il s'agit que lorsqu'il résulterait d'écrits émanés du mari lui-même qu'il avait eu connaissance de la grossesse. Cette exigence eût rendu à peu près illusoire notre fin de non recevoir, car des faits de cette nature ne peuvent pas toujours être prouvés par écrit. Aussi cette disposition fut-elle supprimée. L'enfant justifiera donc sa défense par tous les moyens possibles, par titres, par témoins, et même par de simples présomptions, et par conséquent par des inductions tirées de faits de fréquentation intime antérieurement au mariage entre sa mère et le mari.

Deuxième fin de non recevoir — Le mari a assisté à la rédaction de l'acte de naissance, cet acte est signé de lui, ou contient sa déclaration qu'il ne sait signer. — Le législateur voit encore dans cette conduite du mari un aveu tacite de sa paternité : s'il n'était pas le père, il eût protesté. Si donc l'acte contenait des réserves de la part du mari, s'il contenait des énonciations contraires à sa paternité, ou s'il ne désignait pas la femme du mari comme la mère de l'enfant, il ne pourrait être invoqué comme fin de non recevoir du désaveu. Il s'agit, en effet, de savoir si le mari a fait un aveu de sa paternité ; or dans toutes ces circonstances cet aveu ne pourrait être induit de la présence du mari à la rédaction de l'acte.

Ces deux premières exceptions sont fondées sur l'idée que le mari a tacitement reconnu être le père de l'enfant. Dès lors, toutes les fois que cette reconnaissance tacite pourrait être induite d'autres circonstances, nous n'hésiterons pas à refuser au mari l'action en désaveu. Les deux cas mentionnés par l'art. 314 ne sont, à notre avis, que des exemples : ils ont été cités par le législateur parce qu'ils sont les plus fréquents. — Si des reconnaissances tacites peuvent emporter déchéance du droit de désaveu, à plus forte raison doit-il en être ainsi d'une reconnaissance expresse : la déclaration écrite du mari, mieux encore que toute autre circonstance, prouve sa paternité, et cela qu'elle soit authentique ou sous signature privée. L'art. 336 du Code Napoléon ne saurait nous être opposé ; car il est ici question non pas d'attribuer à l'enfant un état qu'il n'avait pas, mais de confirmer un état dont il était en possession.

Le mari ne peut détruire ces fins de non recevoir qu'en démontrant l'inexistence des faits d'où l'enfant entend les tirer : il ne serait pas, selon nous, recevable à prouver sa non paternité en alléguant, par exemple, une impossibilité de cohabitation à l'époque probable de la conception.

Troisième fin de non recevoir. — L'enfant

n'est pas né viable, c'est-à-dire constitué de manière à pouvoir vivre. — Cette fin de non recevoir opposable au désaveu ne tient plus, comme les précédentes, à l'idée d'une reconnaissance indirecte par le mari. Elle repose sur cette considération : le mari n'a pas intérêt à désavouer un enfant qui par lui-même ou ses représentants n'aura jamais aucun droit, puisqu'il est présumé n'avoir jamais existé. La loi ne devait point permettre au mari d'exercer une action qui, sans utilité pour lui-même, ne tendrait qu'à déshonorer son épouse. Nous pouvons ajouter que souvent la non viabilité de l'enfant tiendra à un accouchement prématuré. Au reste, si l'enfant naissait vivant et viable, son décès, quelque rapproché qu'il fût de sa naissance, ne mettrait aucun obstacle au désaveu, si le mari y avait intérêt.

TROISIÈME PARTIE.

Des actions relatives à la filiation légitime.

Les différentes preuves que nous avons examinées dans le cours de notre exposition ne seront pas toujours simultanément imposées à celui qui prétend à la qualité d'enfant légitime. Le débat peut, en effet, porter sur la légitimité seule, et même sur certains seulement des faits qui la constituent ; ainsi, tantôt l'existence d'une célébration légale de mariage sera révoquée en doute, tantôt la validité du mariage sera contestée, quelquefois enfin, la conception dans le mariage sera mise en discussion. De même, le mariage et la conception dans le mariage étant tenus pour constants, des questions diverses peuvent être soulevées selon que la maternité est ou non reconnue. Si elle est reconnue, les seules questions qui puissent s'élever concernent la paternité ; si, au contraire, elle est déniée, ou si elle n'est pas établie, les principales questions qui sont agitées ont trait à la preuve de la maternité, celles qui sont relatives à la paternité ou ne viennent que par voie de conséquence, ou ne sont pas même soulevées.

Toutes les questions auxquelles peut donner lieu la preuve de la filiation légitime portent le nom générique de *questions d'état*. Elles produisent diverses actions que l'on peut distinguer en *actions en réclamation d'état* et *actions en contestation d'état*, suivant qu'elles ont pour but d'établir un état contesté ou non encore constaté, ou qu'elles tendent à contester un état actuellement établi.

Les actions en réclamation d'état relatives à la filiation légitime, dans ce sens large, comprenfront l'action de l'enfant qui veut prouver son identité avec celui qui est dénommé dans l'acte de naissance, ou qui veut prouver sa possession d'état. Mais, dans un sens restreint, on entend par action en réclamation d'état l'action intentée par l'enfant revendiquant une filiation qui ne se trouve appuyée ni sur un titre, ni sur la possession d'état.

Les actions en contestation d'état propres à la filiation légitime se subdivisent en : 1° actions en contestation d'état proprement dites ; 2° actions en contestation de légitimité ; 3° actions en désaveu. Il y a contestation d'état proprement dite lorsque l'on dénie soit l'accouchement de la femme mariée dont une personne soutient être issue, soit l'identité de cette personne avec l'enfant dont cette femme est accouchée. Il y a contestation de légitimité lorsque, sans mettre en question le fait de la maternité, on prétend que l'enfant n'est pas légitime, soit parce que sa mère n'est pas mariée, soit parce que sa conception et sa naissance n'ont pas eu lieu pendant le mariage. Enfin dans l'action en désaveu, le mariage, la conception ou la naissance dans le mariage, la maternité sont établis ou ne sont pas contestés, la paternité du mari de la mère fait seule l'objet du débat.

Toutes ces actions ont tout à la fois un caractère moral et pécuniaire : tantôt c'est le premier, tantôt c'est le second de ces caractères qui domine, selon la nature de l'intérêt principal de ceux qui les exercent. — Elles intéressent toutes l'ordre public; elles ne sauraient donc être l'objet d'une transaction, aussi sont-elles dispensées du préliminaire de conciliation (C. pr., art. 48).— Elles doivent être communiquées au ministère public (C. pr., art. 83). — Elles sont, sur appel, jugées en audience solennelle, sauf le cas où elles ne sont proposées qu'incidemment et comme défense à une action principale (Décret du 30 mars 1808, art. 22). — Quant à la manière de les intenter, de les instruire, de les juger, elles sont soumises aux règles ordinaires.

Les tribunaux civils sont seuls compétents pour statuer sur les actions en réclamation ou en contestation d'état. Cette règle est absolue, elle n'admet aucune exception même au cas où un crime ou un délit a été commis. « Les tribunaux civils « seront seuls compétents pour statuer sur les ré- « clamations d'état » (C. Nap , art. 326). De là résulte cette conséquence : l'action civile ne peut jamais être portée devant une juridiction criminelle. Cette dérogation aux principes que nous avons indiqués en parlant de la preuve de la célébration du mariage a pour objet d'assurer l'entière exécution des art. 323 et 324 qui n'autorisent la preuve testimoniale de la filiation que dans le cas où il existe un commencement de preuve par écrit ou des indices graves donnant déjà à la réclamation de l'enfant quelque probabilité. L'absence d'une règle analogue à celle de l'art. 326 avait amené de graves abus dans l'ancienne jurisprudence. Souvent le réclamant portait plainte, bien que sa plainte n'eût rien de sérieux, pour arriver par la voie de l'information à faire la preuve testimoniale qui lui eût été fermée au civil. Le législateur de 1804 a voulu prévenir le retour de ces fraudes fréquentes autrefois. Tout en reconnaissant que la disposition de l'art. 326 est conforme à la logique, que le législateur ne pouvait sans inconséquence laisser la porte ouverte aux fraudes, nous ferons remarquer qu'il eût pu atteindre ce résultat sans attribuer une compétence exclusive aux tribunaux civils. Il lui suffisait d'exiger au criminel le commencement de preuve par écrit ou les présomptions graves dont parle l'art. 323. Ce n'est pas la nature de la juridiction qui détermine les modes de preuve à soumettre aux juges, c'est uniquement la nature des faits à prouver. Si le plus souvent la preuve testimoniale est seule mise en usage devant les tribunaux criminels, cela tient à la nature des faits dont ils connaissent, et non pas, comme l'ont cru à tort les rédacteurs du Code, à ce qu'il soit de l'essence de la juridiction criminelle de recevoir en toutes circonstances la preuve par témoins. Cela eût-il été vrai, qu'il eût été facile d'admettre une exception pour les questions de filiation. Mais cette exception n'était pas nécessaire; il suffisait de se référer aux principes généraux. Or, selon ces principes, les faits qui en droit commun ne peuvent être prouvés que par écrit, doivent être établis par un écrit tant au civil qu'au criminel. C'est ainsi que la jurisprudence demande, au cas où un dépositaire est accusé d'abus de confiance, la preuve préalable du dépôt conformément à l'art. 1923 du Code Napoléon. Par application de ces principes, l'état eût donc dû être prouvé devant la juridiction criminelle suivant le mode de l'art. 323 ; la suppression d'état seulement eût pu être prouvée par témoins. *Sed lex statuit.*

Non seulement l'action civile ne peut jamais être portée devant une juridiction criminelle, mais encore la juridiction criminelle ne peut être saisie par le ministère public, tant que la contestation relative à l'état est pendante devant le tribunal civil. « L'action criminelle contre un délit « de suppression d'état ne pourra commencer « qu'après le jugement définitif sur la question « d'Etat » (C. Nap., art. 327) Ici, contrairement au droit commun, c'est le civil qui tient le criminel en état. Là ne se borne pas l'art. 327; il résulte des termes mêmes de cet article, que l'inaction des parties lésées paralyse entre les mains du ministère public l'exercice de l'action publique. Merlin a cependant soutenu le contraire. Le législateur, dit-il, n'a pu admettre que la négligence ou peut-être la collusion des parties intéressées avec le coupable assurât l'impunité à ce dernier. Pour donner un sens raisonnable à l'art. 327, il faut l'interpréter comme se rapportant au cas où l'action civile est déjà engagée ; alors seulement la loi suspend l'exercice de l'action publique. A l'appui de ce système, il invoque l'opinion de M. Treilhard qui, sur l'observation de M. Jollivet, que l'art. 327 paralyserait l'action publique, répond : « que cette espèce n'est pas « celle de l'article ; il suppose une question d'état « qui n'est point nécessairement liée avec l'expo- « sition d'enfant. Cette exposition est toujours un « crime que la justice doit punir » (Fenet, X, p. 111). Mais le texte de l'article nous semble trop absolu pour pouvoir se plier à cette interprétation. M. Treilhard n'a pas aperçu toute la portée de la loi que son contradicteur avait, au contraire, parfaitement saisie. Enfin, l'article 327 est le complément indispensable de l'art. 326. La loi est mauvaise ; elle entraîne de graves inconvénients qu'elle eût pu facilement éviter en soumettant le ministère public à la nécessité du commencement de preuve par écrit, mais elle existe.

Les art. 326 et 327 ont trait aux cas dans lesquels la juridiction criminelle aurait à prononcer sur la question d'état: sous ces règles rentreraient donc non seulement le crime de suppression d'état prévu seul par l'art. 327, mais encore le crime de supposition d'état qui le plus souvent implique nécessairement avec lui celui de suppression d'état. Mais elles ne sont plus applicables aux cas où la filiation de l'enfant n'est nullement mise en question. Ainsi, il ne faut pas les étendre à la tentative de suppression d'état, au délit d'exposition, à celui d'enlèvement ou de suppression d'un enfant sur l'état duquel il ne s'élève aucune difficulté ; ces derniers faits ne s'attaquent plus à l'état de l'enfant, mais à sa personne ; or, la loi suppose qu'il s'agit d'un action concernant l'état. Dans toutes ces hypothèses, l'action publique suivrait donc librement son cours, indépendamment de toute action des parties lésées ; et la juridiction criminelle, conformément aux principes du droit commun, pourrait connaître de l'action civile. Nous donnerions encore la même décision toutes les fois que la question soumise aux tribunaux criminels, quoique relative à l'état sous un certain point de vue, laisserait cependant intacts les droits et la position de l'enfant. Ainsi, une personne usurpant le nom du mari signe l'acte de naissance de l'enfant dont une femme mariée est accouchée ; dans ce cas, le faux ne peut, selon nous, avoir aucune influence sur l'état de l'enfant, puisque l'acte de naissance est seulement destiné à constater la maternité, et qu'il contient, nous le supposons, les énonciations qu'il doit régulièrement comprendre ; l'inaction des parties intéressées ne saurait donc ici arrêter le cours de l'action publique.

Enfin, c'est là du reste un point généralement reconnu, l'art. 326 ne met aucun obstacle à la décision de la question d'état par la juridiction criminelle, lorsque cette question est soulevée incidemment et comme question préjudicielle. La solution donnée alors par le tribunal criminel se réfère seulement à la question principale qui lui était posée, elle laisse intact le débat au fond sur l'état, s'il doit s'élever plus tard. Nous ne croyons pas qu'il soit possible d'admettre que toute procédure criminelle puisse être suspendue jusqu'à ce qu'il plaise à la personne à l'occasion de laquelle s'élève la question d'état, de faire trancher cette question par les tribunaux civils. Ainsi, la cour d'assises appelée à statuer sur une question de parricide pourrait décider la question de filiation élevée par l'accusé qui soutiendrait ne pas être l'enfant de sa victime. Elle pourrait encore prononcer sur la contestation dirigée contre la qualité d'une partie civile ; ou bien encore, sur la parenté d'un témoin reproché par le ministère public. Dans tous ces cas, le tribunal criminel devrait d'ailleurs exiger les modes de preuve prescrits par l'art. 323; cependant la jurisprudence a suivi la doctrine contraire.

Les principes que nous venons d'exposer sont communs à toutes les questions d'état; nous allons maintenant examiner sur chacune des actions que nous avons indiquées : 1° par qui et contre qui elles peuvent être intentées : 2° dans quel délai elles doivent être formées. Ces divers point étudiés, nous verrons quels sont les effets de la chose jugée en matière de filiation.

§ 1er. Actions en réclamation d'état.

L'action en réclamation d'état est ouverte, en premier lieu, à l'enfant privé de son état, ou dont l'état est contesté. Elle ne passe à ses héritiers que sous certaines restrictions procédant de la nature différente que revêt cette action, suivant qu'elle est exercée par l'enfant ou par ses héritiers. Entre les mains de l'enfant, l'action en réclamation d'état a pour but principal un objet purement moral : le rétablissement de son état; les avantages pécuniaires qui pour nous découlent de notre état ne sont ici qu'un objet accessoire. Il suit de là que l'objet de l'action de l'enfant n'est pas dans le commerce, et partant, que l'enfant ne peut aliéner son droit ni expressément, ni tacitement, qu'il ne peut le compromettre ni par une renonciation, ni par un désistement au fond, ni par un compromis ou une transaction (L'enfant pourrait, bien entendu, renoncer aux avantages pécuniaires attachés à son état, les aliéner, etc.). Il suit encore de là que les créanciers de l'enfant ne pourraient pas de son vivant, invoquant l'art. 1166 du Code Napoléon, intenter en son nom l'action en réclamation d'état. Ceci n'est pas sans difficulté. On soutient, en effet, que dans l'inaction de l'enfant ses créanciers peuvent exercer l'action en réclamation d'état dans la limite de leur intérêt. On se fonde, en ce sens, sur la la règle générale de l'art. 1166 et sur la possibilité d'une collusion frauduleuse entre le débiteur et la famille dans laquelle il aurait le droit d'entrer. Toutefois, pour nous, le droit de réclamer son état est un de ces droits *exclusivement attachés à la personne*, dont l'exercice est refusé par l'art. 1166 *in fine* aux créanciers; car notre *criterium*, pour l'applicabilité du principe général de cet article, est celui-ci : Le droit est-il ou non cessible? Dans le premier cas, nous en accordons l'exercice aux créanciers; dans le second cas, nous le leur dénions. Or l'action en réclamation entre les mains de l'enfant est complètement

naliénable, elle ne peut donc être cédée, dès
ors elle est exclusivement attachée à sa personne.
Il y aurait, au reste, un véritable danger pour le
repos des familles à concéder une telle faculté à
des créanciers, à des personnes préoccupées surtout d'intérêts pécuniaires. Les mêmes motifs
nous portent à dénier aux créanciers le droit d'intervention.

Au contraire, pour les héritiers de l'enfant,
l'objet principal de l'action en réclamation d'état
est un objet pécuniaire ; car c'est sous le rapport
pécuniaire seulement que l'héritier est le repré-
sentant du défunt, qu'il acquiert ses droits et se
trouve chargé de ses obligations. De là cette conséquence : le droit des héritiers est dans le commerce, il peut donc être aliéné, il peut s'éteindre
par une renonciation, un compromis, une transaction, un acquiescement, un désistement ; enfin
leurs créanciers peuvent l'exercer.

A ces principes nous pouvons rattacher les
restrictions apportées par la loi à la transmissibi-
lité de l'action en réclamation d'état aux héritiers
de l'enfant. Cette action ne leur compète, en
effet, qu'autant que l'enfant est décédé mineur
ou dans les cinq années qui suivent sa majorité,
et encore faut-il qu'il n'ait pas renoncé à son
action (C. Nap., art 320).

Ainsi, le silence gardé par l'enfant après qu'il

est parvenu à sa vingt-sixième année, qu'il a pu comprendre toute l'importance de son droit, constitue de sa part une renonciation tacite qui, bien que ne pouvant lui être opposée à lui-même, repousse l'action de ses héritiers. L'action en réclamation d'état n'est, en effet, transmise à ces derniers qu'en tant que droit pécuniaire; or, la renonciation de l'enfant étant valable, quant aux droits pécuniaires qui étaient ouverts à son profit, il s'ensuit que toute réclamation est éteinte pour les héritiers. Et ceux-ci, remarquons-le, ne seraient pas recevables à prouver que leur auteur n'a jamais connu son état. L'article 320 ne fait aucune distinction : il établit une présomption absolue : le législateur a probablement pensé qu'il ne fallait pas, en considération d'intérêts purement pécuniaires, permettre de jeter le trouble dans les familles. Si une simple probabilité, une renonciation tacite, est suffisante pour enlever aux héritiers le droit d'agir, une renonciation expresse de l'enfant produirait *a fortiori* ce résultat. Cette renonciation se rencontrerait, soit dans une déclaration expresse, soit dans un désistement du fond du droit, mais non, selon nous, dans un désistement ou une péremption d'instance; car la péremption et le désistement d'instance ne sont pas une renonciation au droit lui-même, mais à la procédure seule (C. proc., art. 401 et 403).

Si les héritiers ne succèdent à l'action en réclamation d'état qu'autant que l'enfant est décédé, avant d'avoir atteint sa vingt-sixième année, ils succèdent, au contraire, à l'instance commencée, bien que l'enfant soit décédé postérieurement au terme fixé par l'art. 329 : « Les héritiers peuvent « suivre cette action, lorsqu'elle a été commencée « par l'enfant, à moins qu'il ne s'en fût désisté « formellement ou qu'il n'eût laissé passer trois « années sans poursuite, à compter du dernier « acte de la procédure » (C. Nap., art. 330). C'est l'application de la règle : *Omnes actiones quæ tempore vel morte pereunt semel inclusæ judicio salvæ manent* (Dig., l. 139, *de regulis juris*). Mais, pour que l'instance ouverte par l'enfant puisse être suivie par ses héritiers, il faut qu'elle ne soit pas éteinte. Cette extinction résulterait, soit du désistement, soit de la péremption d'instance (C. proc., art. 397 et suiv., 402 et 403). Et nous croyons que, pour que le désistement et la péremption puissent opérer l'extinction de l'instance, il ne suffit pas que l'enfant ait déclaré qu'il se désiste, qu'il ait laissé écouler le laps de trois ans sans poursuites ; il faut, selon nous, que l'adversaire ait accepté le désistement, qu'il ait fait prononcer la péremption (C. proc., 402, 403, 399). En d'autres termes, l'art. 330 ne déroge en rien au Code de procédure. Ainsi,

l'enfant étant décédé avant l'acceptation du désistement, avant la demande de la péremption,
ses héritiers pourront retirer le désistement, empêcher la péremption et continuer l'action.

Quelles personnes faut-il comprendre sous la
qualification d'*héritiers*? Toutes celles qui seront
appelées à recueillir l'hérédité en tout ou en partie, les héritiers légitimes, les successeurs irréguliers, le curateur à succession vacante, les légataires universels et à titre universel. Nous pensons
même que l'action compéterait aux légataires
particuliers et aux créanciers du défunt, car il ne
s'agit plus que de la poursuite d'un droit pécuniaire. Devons-nous aussi comprendre parmi les
héritiers les descendants de l'enfant? Cette question n'est pas dénuée d'intérêt; car, si les descendants sont compris parmi les héritiers, il en
résultera qu'ils ne pourront agir, lorsque l'enfant
sera décédé avant sa vingt-sixième année, sans
avoir intenté son action. Eh bien! nous pensons
que l'action des descendants doit être régie par
les mêmes règles que celle de l'enfant lui-même.
Les descendants demandent à établir leur propre
filiation : c'est leur état de petit-fils, de petite-
fille qu'ils réclament indépendamment des droits
pécuniaires qui en sont la conséquence ; ils ont
donc action de leur chef. Ils sont, il est vrai,
héritiers; mais cette qualité ne saurait, à notre

avis, absorber en eux la qualité d'*enfants*. Comment admettre qu'un petit-fils ne puisse réclamer son état, parce que son père, son grand-père serait mort avant sa vingt-sixième année, sans avoir agi, peut-être parce qu'il a ignoré son état ? Ne serait-ce pas contraire à l'esprit de la loi qui tend évidemment à favoriser les descendants, puisqu'elle permet à leur profit la légitimation d'un enfant décédé (C. Nap., art. 332) ? Les descendants, selon nous, ayant une action de leur chef, pourraient donc l'intenter, abstraction faite de tout intérêt pécuniaire, même après avoir renoncé à la succession de l'enfant, leur auteur ; ils pourraient encore l'intenter du vivant de cet auteur et malgré lui, sauf à le mettre en cause.

L'action en réclamation d'état est dirigée contre la prétendue mère ou ses héritiers ; le mari ou ses héritiers doivent être appelés en cause.

Du caractère différent que revêt l'action en réclamation d'état suivant qu'elle compète à l'enfant ou à ses héritiers, nous avons conclu que la renonciation de l'enfant à son droit ne peut lui être opposée, et en sens inverse que la renonciation des héritiers les rend non recevables dans leur action. A cette idée se lie la disposition de l'art. 328 du Code Napoléon : « L'action en réclamation d'état est imprescriptible à l'égard de l'enfant. » D'où, *a contrario*, cette action est prescriptible à l'égard des héritiers. Le laps de la prescription est ici de trente ans, conformément à la règle générale de l'art. 2262. Les trente ans ne courent, bien entendu, que du moment où les héritiers ont pu agir, c'est-à-dire, s'ils sont majeurs, du moment où ils sont devenus héritiers, s'ils sont mineurs, à compter de leur majorité seulement (C. Nap , art. 2252). Toutefois il ne faut pas confondre l'action en réclamation d'état avec les actions pécuniaires qui dépendraient de l'état. Ces dernières se prescrivent, tant contre l'enfant que contre ses héritiers, à partir de l'époque où le droit pécuniaire dont elles sont la sanction a été ouvert, sauf le cas de minorité de l'ayant droit.

§ 2. Contestations d'état.

1.—*Contestation d'état proprement dite.*—L'action en contestation d'état appartient à toute personne intéressée soit moralement soit pécuniairement à démontrer la fausseté de la filiation attribuée à l'enfant. Elle peut donc être exercée soit par les parents paternels, soit par les parents maternels, soit par l'enfant lui-même. L'état étant hors du commerce, cette action ne pourrait être ni aliénée, ni faire l'objet d'une renonciation, d'une transaction ou de toute autre convention. Une renonciation, une transaction , ou une au-

tro convention seraient, au contraire, parfaitement valables quant aux droits pécuniaires qui
découlent de l'état. Cette action doit être dirigée
contre l'enfant ou ses héritiers, la mère appelée
en cause; lorsqu'elle est intentée par l'enfant,
c'est évidemment contre la mère ou ses héritiers
qu'elle sera formée.

L'action en contestation d'état étant hors du
commerce est par là même imprescriptible et contre
l'enfant et contre ses représentants, ou contre la
mère et ses héritiers. Il ne faut pas ici argumen-
ter *a contrario* de l'article 328, car cet article a
voulu simplement établir une différence entre
l'enfant et ses héritiers. Les droits pécuniaires
dérivant de l'état sont, au contraire, prescrip-
tibles.

II.— *Contestation de légitimité.*— Les règles
que nous avons indiquées à l'égard de la contestation d'état reçoivent ici leur entière application:
il est donc inutile de les rappeler.

§ 3. Action en désaveu.

Au mari seul, tant qu'il vit, compète l'action
en désaveu. Il est le véritable intéressé; s'il se
tait, c'est qu'il reconnaît sa paternité; comment
d'autres seraient-ils recevables à venir la nier?
« *Probatam enim a marito uxorem et quiescens*
« *matrimonium, non debet alius turbare atque*

« *inquietare* » (Ad leg. Juliam, de Adulteriis, Dig. l. 26). L'action en désaveu n'est donc ouverte ni à la mère, car la morale publique s'oppose à ce qu'elle puisse proclamer son propre déshonneur, ni à toutes autres personnes quel que soit leur intérêt, car le repos des familles demande qu'il soit interdit aux tiers de soulever de pareilles questions. Les créanciers du mari ne seraient donc pas reçus à exercer cette action : c'est un droit exclusivement attaché à la personne (Code Nap., art. 1166). Faut-il en conclure que le tuteur du mari interdit ne pourrait, au nom de celui-ci, intenter l'action en désaveu ? Nous ne le pensons pas. Refuser au tuteur le droit dont nous parlons, ce serait favoriser les désordres de la femme, et laisser planer sur l'état de l'enfant une trop longue incertitude, car le délai fixé par l'art. 316 ne pourrait évidemment courir contre l'interdit pendant la durée de l'interdiction. Le tuteur représente, d'ailleurs, l'interdit dans tous les actes de la vie civile.

La faculté de désavouer est aussi conférée aux héritiers du mari. Deux situations sont ici à distinguer : 1° le mari a intenté l'action en désaveu, puis il est mort pendant l'instance ; ses héritiers pourront continuer l'instance commencée, lors même que le délai dans lequel ils peuvent agir de leur chef serait expiré ; ce n'est pas, en effet, leur action qu'ils exercent, ils ne font que suivre celle du mari.

2° Le mari est mort sans avoir réclamé, mais étant encore dans le délai utile. A cette hypothèse se rapporte l'art. 317 du Code Napoléon : « Si le mari est mort avant d'avoir fait sa récla- « mation, mais étant encore dans le délai utile « pour la faire, les héritiers auront deux mois « pour contester la légitimité de l'enfant, à « compter de l'époque où cet enfant se serait « mis en possession des biens du mari ou de l'é- « poque où les héritiers seraient troublés par l'en- « fant dans cette possession. » Ainsi, l'exercice du droit de désaveu par les héritiers du mari est soumis à deux conditions : il faut que le mari soit mort avant l'expiration du délai dans lequel il doit désavouer l'enfant ; il faut, en second lieu, que les héritiers aient un intérêt né et actuel au désaveu.

A l'égard de la première condition, une seule difficulté est soulevée. L'article 317 prévoit, en effet, le cas où le mari est mort après avoir connu la naissance de l'enfant : il ne s'occupe nullement de l'hypothèse dans laquelle le mari serait mort avant cet événement. Du silence de la loi sur cette hypothèse, il serait assez naturel de conclure que les héritiers ne seraient pas alors admis à désa- vouer l'enfant. Ce système pourrait invoquer à son aide les discours de MM. Bigot-Préameneu, Lahary, Duveyrier, qui tous déclarent que l'action en désaveu n'appartient aux héritiers du mari que parce qu'ils la trouvent dans la succession de leur auteur : or, lorsque le mari est décédé avant la naissance de l'enfant, il n'a jamais eu le droit de désavouer, il n'a donc pu le transmettre à ses héritiers. Cependant ne serait-il pas étonnant que dans ce cas la loi déniât le droit d'agir aux héritiers', tandis qu'elle le leur accorde lorsque le mari est mort après avoir connu la naissance de l'enfant? En effet, le silence du mari dans cette dernière circonstance donne une certaine probabilité à la légitimité de l'enfant. Dans notre hypothèse, au contraire, nous ne rencontrons aucun préjugé de ce genre. Nous croyons donc qu'il faut *a fortiori* recevoir alors le désaveu des héritiers. L'article 317 ne saurait s'opposer à notre solution ; car il peut s'entendre en ce sens que les héritiers n'ont pas le droit de désavouer lorsque le mari est mort après l'expiration du délai de l'art. 316. Enfin, notre interprétation est celle que donnait de la loi le tribun Duveyrier, quand, après avoir établi que l'action en désaveu ne compète aux héritiers que par l'effet de la transmission héréditaire, il disait : « Mais le droit ne « passe aux héritiers que dans le temps où il peut « encore exister, c'est-à-dire *lorsque le mari est*

« *mort avant la naissance de l'enfant*, ou dans
« le terme non encore expiré des délais qui lui
« sont donnés pour réclamer » (Fenet, X, p. 221).

L'exercice du désaveu par les héritiers du mari
est subordonné à cette seconde condition qu'ils
aient un intérêt *né et actuel*, Cet intérêt résulterait de tout moyen de fait ou de droit, de tout acte
judiciaire ou extra-judiciaire par lequel l'enfant,
par lui-même ou par l'organe de son tuteur, noti-
fierait aux héritiers ses prétentions à la légitimité,
Ainsi, bien que l'article 317 ne suppose que le cas
où l'enfant dirigerait contre eux une action en pétition d'hérédité, quant à la succession du mari,
ou se serait mis en possession de cette succession,
il faudrait étendre cette disposition au cas où les
prétentions de l'enfant se produiraient relativement à la succession d'un membre de la famille du
mari, telle que celle d'un frère, d'un fils du mari.
La règle de l'art. 317 est purement énonciative.
Les héritiers, dans notre opinion, auraient même
un intérêt né et actuel à désavouer l'enfant dans
le cas où celui-ci voudrait s'attribuer le nom du
mari.

Mais si l'enfant gardait le silence, nous ne pensons pas qu'il pût y avoir pour les héritiers ouverture au désaveu; car ils sont sans intérêt, et l'intérêt est la mesure des actions que nous pouvons
exercer. Pourquoi, d'ailleurs, autoriser ces héri-

tiers à soulever une contestation scandaleuse contre un enfant qui n'a rien réclamé, qui ne réclamera rien peut-être ? On objecte cependant qu'ils ont intérêt à intenter leur action avant que les moyens de preuve sur lesquels il leur est permis de la fonder aient complétement disparu. L'art. 317, dit-on, ne met aucun obstacle à cette faculté, il fixe seulement le délai après lequel les héritiers seront déchus de leur droit; mais il ne s'oppose pas à ce que, sans attendre le trouble provenant de l'enfant, ils prennent eux-mêmes l'offensive. Cette doctrine ne nous semble pas devoir être admise. L'intérêt dont la loi s'est préoccupée est, à notre avis, l'intérêt que les héritiers peuvent avoir à repousser les prétentions de l'enfant ; c'est du moins celui que le législateur lui-même met en avant dans l'art. 317. Ensuite, l'art. 317 ne dit pas que les héritiers du mari pourront agir dès la naissance de l'enfant, et que leur action ne sera plus recevable lorsque deux mois se seront écoulés depuis le trouble élevé par l'enfant ; il dit : « les héritiers auront deux mois « pour contester la légitimité de l'enfant, à comp-« ter de l'époque où cet enfant ....., » d'où il semble bien résulter que le trouble dont parle l'art. 317 crée le droit des héritiers en même temps qu'il fixe le point de départ de leur action.

Que faut-il entendre par *héritiers?* Tous ceux,

et ceux-là seulement qui recueilleront tout ou partie de la succession du mari, car l'action en désaveu est une partie intégrante de la succession du mari, transmissible dès lors à ce titre. Cette action appartiendra donc non seulement aux héritiers légitimes du mari, aux véritables *héritiers*, mais encore aux successeurs irréguliers, au curateur à succession vacante, aux légataires universels et à titre universel. Il suit de là que la faculté de désaveu est refusée aux parents du mari qui ne seraient pas ses héritiers, à ceux qui auraient renoncé à la succession, quoiqu'ils puissent y avoir intérêt pour le cas où d'autres successions s'ouvriraient dans la famille. — Jamais les héritiers de la mère ne sont admis, quelque puisse être leur intérêt, à faire déclarer l'illégitimité de l'enfant, à exercer l'action en désaveu : aucun texte ne la leur concède ; de plus la mère ne l'avait pas elle-même, elle n'a donc pu la leur transmettre.

Entre les mains des héritiers du mari l'action en désaveu n'a plus, comme entre les mains du mari, un caractère principalement moral : son caractère principal est pécuniaire. La détermination du point de départ que l'art 317 donne alors à l'action, nous paraît le prouver. Il s'ensuit que ce droit n'est plus exclusivement attaché à la personne du débiteur et que les créanciers des héritiers pourront l'exercer conformément au principe de l'art. 1166.

Toutes les causes de désaveu que le mari eût pu invoquer lui-même pourront être invoquées par ses héritiers. Il ne faudrait pas dire, comme l'a fait un auteur, que le mari seul ayant le droit de poursuivre l'adultère de sa femme (C. pén , art. 336), les héritiers ne seraient pas recevables à fonder leur désaveu sur l'art. 313. Il ne s'agit pas ici de poursuivre l'application d'une peine, il s'agit uniquement de prouver incidemment l'adultère de la femme pour faire admettre le désaveu dirigé contre l'enfant. La mère, faisons-le remarquer, si elle est présente dans l'instance, n'y est pas *partie;* ce n'est pas contre elle que l'action est intentée, c'est contre l'enfant.

Le désaveu sera formé contre l'enfant lui-même, s'il est majeur ; si, au contraire, il est en minorité, cas auquel nous pouvons ajouter celui d'interdiction , c'est contre un tuteur *ad hoc* que sera faite la demande. La mère, dans l'un et l'autre cas, doit être mise en cause ; car, bien qu'elle ne soit pas défenderesse à l'action en désaveu, il s'agit de son honneur ; elle a donc un grand intérêt moral dans le débat (C. Nap., art. 318). Le tuteur *ad hoc* doit être nommé lors même que l'enfant aurait un tuteur ordinaire, car, le plus souvent, ce dernier sera un parent intéressé au désaveu. Mais par qui sera nommé ce tuteur *ad hoc*? La loi est muette sur ce point. De là plusieurs systèmes. Les uns veulent que ce tuteur soit nommé par un conseil de famille composé, suivant les règles ordinaires, de parents paternels et maternels (Cod. Nap., art. 407); les autres, tout en admettant l'intervention du conseil de famille, excluent de cette assemblée les parents du mari, parce qu'il ont un intérêt contraire à celui de l'enfant. Cette opposition d'intérêts pouvant se présenter entre l'enfant et les parents de la mère, nous inclinerions à remettre au tribunal la nomination du tuteur *ad hoc*.

Si l'enfant est mort, c'est contre ses héritiers que doit être dirigé le désaveu; mais alors cette action devient principalement pécuniaire, les créanciers de ces héritiers seraient donc recevables à intervenir dans l'instance; ceux de l'enfant n'auraient pas cette faculté, puisque, par rapport à lui, la défense au désaveu est principalement morale.

Le désaveu peut frapper un enfant postérieurement à son décès; mais nous ne croyons pas qu'un enfant puisse être désavoué avant sa naissance. En effet, aux termes des art. 312, 2e al. et 314, l'admissibilité du désaveu dépend précisément de l'époque de la naissance. La loi ne parle que du désaveu de l'enfant déjà né, et, même dans le cas de l'art. 316, 1er al., elle fait courir de la naissance le délai à l'expiration duquel le mari est déchu de son action. Enfin, dans certains cas, le désaveu serait inutile, car l'enfant peut naître mort-né ou non viable. Comment concevoir que le législateur permette d'intenter une action toujours scandaleuse, lorsqu'elle n'aura peut-être aucun résultat?

Relativement au délai dans lequel doit être formé le désaveu, il faut distinguer le cas où l'action est ouverte au mari et celui où elle est ouverte à ses héritiers.

Et d'abord, occupons-nous du désaveu intenté par le mari. Si le mari est sur les lieux et a connaissance de l'accouchement, le délai dans lequel il doit agir est d'un mois à compter de la naissance. S'il était absent, ou si la naissance de l'enfant lui a été recélée, le délai est étendu à deux mois qui courent dans le premier cas de l'époque de son retour, et dans le second du jour où il a découvert la fraude (C. Nap., art. 316). C'est au mari à prouver qu'il est dans l'une ou l'autre des deux dernières hypothèses.

La loi n'a pas voulu que l'état de l'enfant restât longtemps dans l'incertitude ; de là, la brièveté du délai accordé au mari. Mais elle a pensé avec raison que le délai devait être plus long lorsque le droit de désaveu s'ouvrait à une époque qui peut être éloignée de la naissance, que lorsqu'il la suit immédiatement ; le mari est pris alors à l'improviste, il peut avoir des réflexions à faire, et il lui faut plus de temps pour recueillir les preuves nécessaires au succès de son action.

Quant aux héritiers du mari, ils ont toujours un délai de deux mois pour agir (C. Nap., art. 317), et le point de départ de ce délai est le moment où l'enfant élève des prétentions à la légitimité. Ce délai est invariable, il court même contre les héritiers mineurs ou interdits.

La loi offre, soit au mari, soit à ses héritiers, le moyen de prolonger le délai qui leur est concédé. « Tout acte extrajudiciaire contenant le « désaveu de la part du mari ou de ses héritiers, « sera comme non avenu, s'il n'est suivi dans le « délai d'un mois d'une action en justice dirigée « contre un tuteur *ad hoc* donné à l'enfant, et « en présence de sa mère » (C. Nap., art. 318). Si donc avant l'expiration du délai utile, le mari ou ses héritiers déclarent dans un acte extrajudiciaire qu'ils désavouent l'enfant, ils ont à partir de la notification de cet acte un mois encore pour agir. Que si la demande n'a pas été formée dans le mois qui suit l'acte extrajudiciaire, et que le délai utile ne soit pas encore expiré, l'action est toujours recevable, l'acte seul est non avenu. Il pourrait même dans ce cas être signifié un autre acte qui produirait effet, s'il était suivi dans le mois d'une demande en désaveu.

Les décisions judiciaires peuvent n'être pas conformes à la vérité ; les juges ne sont pas, en effet, exempts de l'erreur, des passions auxquelles nous sommes tous exposés ; et cependant la loi tient pour vrai tout ce qui est contenu dans le dispositif d'un jugement et ne permet plus de le remettre en question (C. Nap., art. 1351). Il était impossible d'admettre que deux plaideurs pussent indéfiniment soumettre aux tribunaux la difficulté qui les divise, et suspendre ainsi indéfiniment l'exécution des sentences de la justice : ainsi se justifie la présomption établie par la loi. Mais cette présomption légale, pour ne pas être inique, demandait à être restreinte dans de justes limites : aussi à côté de la règle *res judicata pro veritate habetur*, le législateur a-t-il placé celle-ci : « Res inter alios judicata aliis neque nocere, « neque prodesse potest. » En d'autres termes, l'autorité de la chose jugée n'est pas absolue, elle est purement relative. Elle ne peut être invoquée que par ceux ou contre ceux qui ont été parties ou ont été représentés au procès ; elle ne peut être opposée par ceux ou contre ceux qui n'y ont pas été parties ou ne s'y sont pas trouvés représentés. Il en résulte que tel fait peut être tenu pour vrai à l'égard de Pierre et pour faux à l'égard de Paul.

Ces principes sont généraux ; ils reçoivent leur entière application aux jugements intervenus sur les questions d'état. L'article 100 du Code Napoléon le déclare formellement. Seulement de graves difficultés s'élèvent quant au point de savoir quelles personnes sont représentées par d'autres dans les procès de cette nature. Il faut ici distinguer les actions en réclamation et contestation d'état de l'action en désaveu.

En ce qui touche les premiers, un grand nombre d'auteurs se fondant, les uns sur le principe de l'indivisibilité de l'état, les autres sur la nécessité de donner de la stabilité à l'état des personnes, de ne pas l'abandonner aux hasards de contestations incessantes, ont pensé qu'il fallait suivre en cette matière une ancienne théorie consacrée par notre ancienne jurisprudence et dont l'origine remonte au droit romain. D'après cette théorie, certaines personnes deviennent les représentants de toutes les autres, non pas en ce sens qu'elles seules auraient le droit d'intenter les actions dont il s'agit, mais en ce sens que la chose jugée contre elles aurait effet vis-à-vis toute autre personne Ainsi, le jugement obtenu par ou contre le parent ou les parents les plus proches en degré au moment où s'élève le procès pourrait être invoqué par les autres intéressés, ou leur serait opposable. Par exemple, le jugement statuant sur l'action en réclamation d'état, dirigée contre le père et la mère, serait vrai à l'égard de tous les autres intéressés. Le parent le plus proche en degré, étant le principal intéressé, représenterait tous les autres, en vertu d'un mandat qu'il tiendrait de la loi ; or, la chose jugée pour ou contre le mandataire, est jugée pour ou contre le mandant. Cette théorie, dite *des contradicteurs* légitimes, est fort logique assurément ; mais doit-elle être adoptée sous l'empire du Code Napoléon ? Nous ne le croyons pas. Nulle part, en effet, nous ne trouvons la trace du prétendu mandat légal conféré aux parents les plus proches en degré. Il nous semble impossible d'admettre, dans le silence de loi, l'existence de ce mandat. En l'absence d'un texte, il faut nous en tenir aux principes généraux, et, d'après ces principes, la chose jugée ne produit d'effet qu'à l'égard des personnes qui ont été parties ou représentées dans le débat (C. Nap., art 1351). Telle n'est pas la situation des personnes auxquelles peuvent être ouvertes les actions en réclamation ou en contestation d'état, ou la défense à ces actions ; elles ont

toutes, ne fussent-elles nées que postérieurement
au procès, un droit qui leur est propre ; elles agissent toutes de leur chef, puisque l'action compète
à *toute personne intéressée ;* elles n'ont donc pu
être représentées par les parents les plus proches
en degré, de qui elles n'ont pas reçu leur droit.

Cet effet relatif de la chose jugée entraînera
sans doute des bizarreries, nous en convenons ;
peut-être la loi eût-elle dû déroger en notre matière aux principes généraux ; mais elle ne l'a pas
fait, suppléer à son silence, ce serait la créer :
telle n'est pas la mission de l'interprète. Il pourra
donc arriver qu'un individu se trouve être réputé
le frère légitime de Paul, fils de Jacques, et ne pas
être celui de Pierre, autre fils de Jacques. Comment
alors opérer le partage de la succession de Jacques ? Pierre n'ayant qu'un frère, prendra la moitié de cette succession ; Paul qui en a deux aura
droit à un tiers seulement ; il reste un sixième qui
formera la part du réclamant. Cette divisibilité des
attributs d'une qualité indivisible en elle-même
s'applique à tous les droits pécuniaires dépendant
de l'état ; mais que décider quant au droit de
porter le nom de la famille ? L'objet de ce droit
étant de sa nature indivisible, nous le refuserions
à l'enfant ; car l'accorder, ce serait nous mettre
en contradiction avec le jugement qui a déclaré
que cet enfant n'est pas le fils de Jacques. — Les

résultats bizarres que nous signalons se rencontreraient, d'ailleurs, dans la doctrine que nous avons combattue. Les partisans de ce système, reconnaissent, en effet, que pour qu'il y ait chose jugée à l'égard de tout le monde, il faut que le jugement soit intervenu entre le principal intéressé de chaque ligne d'une part, et l'enfant de l'autre, que tous les principaux intéressés d'un même degré aient été mis en cause. Si donc l'un seulement des prétendus contradicteurs légitimes avait figuré dans l'instance, les autres ne pourraient se prévaloir du jugement rendu à son profit, et le jugement obtenu contre lui ne pourrait pas non plus leur être opposé. Cette opinion ne remédie donc qu'en partie aux inconvénients reprochés à celle que nous soutenons, et elle offre de plus le désavantage de ne s'appuyer sur aucun texte.

Quant à l'action en désaveu, nulle difficulté n'est possible ; car la loi concède limitativement au mari et à ses héritiers le droit de désavouer l'enfant ; lorsqu'ils agissent ils représentent donc tous les autres intéressés qui n'auraient pu débattre la question. L'action en désaveu peut être dirigée par le mari contre l'enfant, par tous les héritiers du mari contre tous les héritiers de l'enfant Lorsque les choses se seront passées de cette manière, lorsque toutes les personnes ayant qualité pour agir ou pour défendre auront pris part à l'instance, le jugement prononçant sur l'action en désaveu sera vrai pour tout le monde. Nul ne sera admis à le contester, ni les parents du mari qui n'auraient pas été ses héritiers, ni les parents de la mère. Ce résultat n'est nullement la conséquence du prétendu principe de l'indivisibilité de la chose jugée en matière d'état. Ce principe n'est pas consacré dans nos lois : tout au contraire, l'art. 100 du Code Napoléon nous dit : « Le jugement de rec-« tification ne pourra, dans aucun temps, être « opposé aux parties intéressées qui ne l'auraient « point requis, ou qui n'y auraient pas été appe-« lées. » Il faut donc chercher ailleurs le motif de notre solution; il réside dans cette considération que lorsque toutes les parties intéressées ont été appelées en cause, elles ont représenté les tiers qui n'ont pas le droit de désavouer, et cela en vertu d'un mandat qui leur est conféré par la loi.

Que si quelques-unes des personnes qui avaient qualité pour attaquer ou pour défendre dans l'instance en désaveu n'ont pas été appelées en cause, elles peuvent à bon droit contester l'application qui leur serait faite du jugement. Ainsi le débat a été soulevé entre le mari et quelques-uns seulement des héritiers de l'enfant, entre quelques-uns des héritiers du mari et l'enfant, ou enfin entre quelques-uns des héritiers du mari et quelques-uns des héritiers de l'enfant, le jugement mettant fin au litige sera opposable seulement aux personnes qui auront été parties dans l'instance, et celles-là seulement pourront s'en prévaloir. Les autres personnes ayant qualité ont, en effet, recueilli soit dans la succession du mari, soit dans celle de l'enfant un droit à elles propre, elles n'ont donc pas été représentées. *A fortiori* le jugement ne pourrait produire aucun effet à l'égard des tiers. L'enfant, par exemple, a succombé dans le procès intenté contre lui par certains seulement des héritiers du mari ; les tiers, les parents de la mère ne seront pas recevables à invoquer ce jugement : la présomption de légitimité n'est pas entièrement détruite, elle ne cesse d'exister que par rapport aux héritiers qui ont obtenu gain de cause; la situation ambiguë où se trouve l'enfant doit être interprétée en sa faveur. Il résultera sans doute de là des contrariétés de décisions judiciaires; mais remarquons qu'il sera toujours possible au tribunal d'éviter ces contrariétés en ordonnant la mise en cause de toutes les personnes ayant qualité; c'est là une faculté que lui concède l'art. 856 du Code de Procédure.

POSITIONS.

DROIT ROMAIN.

I. — La loi 33 Dig. *Locati conducti* exprime une opinion personnelle à Africain.

II. — Dans le contrat de société, en l'absence de toute convention, les parts que les associés doivent prendre dans l'actif et supporter dans le passif sont égales.

III. — Lorsque la chose vendue se trouve valoir moins au jour de l'éviction qu'au jour de la vente, l'acheteur agissant par l'action *ex empto* a seulement droit à la valeur au moment de l'éviction.

IV. — L'exception de dol opposée pour cause de compensation dans les actions de droit strict donne au juge le pouvoir d'opérer la balance entre les dettes et créances respectives des parties, et de ne condamner le défendeur qu'au reliquat,

sansqu'il y ait déchéance du demandeur pour plus-
pétition.

V. — Lorsque la femme délègue son débiteur
au mari *dotis causa*, les risques de l'insolvabilité
du débiteur sont pour elle.

DROIT FRANÇAIS.

DROIT CIVIL.

I. — L'aliénation consentie par l'héritier appa-
rent est nulle.

II. — L'hypothèque légale de la femme ne s'é-
tend pas aux immeubles aliénés par le mari pendant la communauté.

III. — Les tribunaux ne peuvent déclarer
légitime l'enfant né trois cents jours après la dissolution du mariage, quand sa légitimité est contestée.

IV. — Lorsque le désaveu est fondé sur
l'art. 313 du Code Napoléon, l'adultère de la
femme doit être prouvé préalablement.

V. — L'acte de naissance prouve l'accouchement de la femme, bien qu'il contienne relativement à l'indication du père ou de la mère, des mentions irrégulières, ou qu'il omette des mentions qu'il devrait renfermer.

VI. — L'acte de naissance ne fait pas foi jusqu'à inscription de faux de la sincérité des déclarations faites à l'officier de l'état civil.

VII. — La théorie des contradicteurs légitimes en matière de questions d'état n'a pas été reproduite par le Code Napoléon.

VIII. — Les juges peuvent accorder des délais au débiteur lorsque le créancier est muni d'un titre exécutoire autre qu'un jugement.

IX. — Les enfants renonçants ne doivent pas être comptés pour le calcul de la réserve.

DROIT CRIMINEL.

I. — L'art. 637 du Code d'Instruction criminelle est applicable au cas où l'action civile serait portée comme action principale devant les tribunaux civils.

II. — L'art. 147 du Code pénal n'est pas applicable aux fausses déclarations faites par un particulier à un officier de l'état civil.

DROIT INTERNATIONAL.

I. — Les consuls ont qualité pour recevoir les testaments en la forme authentique.

II. — Les jugements rendus à l'étranger contre un français ne sont pas soumis à une révision au fond de la part du tribunal français chargé de les rendre exécutoires.

Vu par le président de la thèse,
VALETTE.

Vu par le doyen,
C.-A. PELLAT.

PERMIS D'IMPRIMER :

Pour le vice-recteur, en tournée,
l'inspecteur de l'Académie, délégué,
S. CARESME.